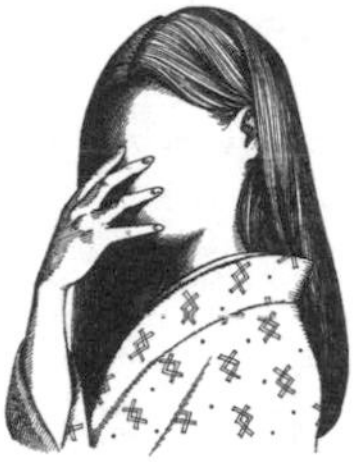

傳說裏的民俗學

妖怪、精靈與怪奇生物的真面目

Hidehiro Inagaki
稻垣榮洋

目次

傳說裏的民俗學

妖怪、精靈與怪奇生物的真面目

賽克洛普斯
Cyclops

介紹

「賽克洛普斯」是希臘神話中的獨眼巨人。其名根據希臘語的發音，又音譯為庫克洛普斯。賽克洛普斯原本是神的孩子，卻被描繪成兇暴野蠻的怪物。

妖怪或怪物之中也有許多獨眼的怪物，例如一目小僧、一目入道之類的日本妖怪。

對於擁有兩隻眼睛的人類而言，臉部中央只有一隻眼睛的樣貌十分奇特，看起來簡直就跟怪物沒兩樣。

即使是人類懼怕的猛獸，像是獅子、大灰狼、熊之類的動物，也都跟人類一樣擁有兩隻眼睛。那麼，作為獨眼怪物題材原型的生物，真的存在於這個世上嗎？

真面目

第13頁的插圖據稱是賽克洛普斯的頭骨。

這麼說來，看起來還真的很像獨眼巨人的頭骨。

但是實際上這是大象的骨頭。看起來像眼睛凹陷處（眼窩）的部分，其實是大象的鼻孔。

一般認為賽克洛普斯的起源，便是源自於這個大象的頭骨。

希臘是一個沒有大象的國家，但人類卻在這裡發現了猛獁象和古代巨型象的化石。化石出土後，獨眼巨人的傳說就此誕生。正因為當時人們還不知道大象的存在，所以才會將大象的頭骨想像成獨眼巨人。

日本也有類似賽克洛普斯的傳說。比如「一目入道」（獨眼僧）就是流傳於日本各地的獨眼巨人傳說，說不定這也是根據散落於古代日本的諾氏古菱齒象化石想像而來的妖怪。

希臘神話中的賽克洛普斯是負責製造眾神武器的鐵匠三兄弟。

對古代的掌權者而言，用於製造農具或武器的鐵器是一種權力的象徵。然而，對一般人而言，需要高度技術能力的冶鐵工作是很可疑的技藝。而且，跟鐵器有關的人經常捲入金錢或權力的鬥爭，有時會遭受掌權者侵略、搶奪或虐待的處境，迫使鐵匠遠離一般人的生活。

鐵匠為了在冶鐵時判斷火的溫度，必須用一隻眼睛確認火焰的顏色變化，因此許多鐵匠有單眼失明的問題。另外，為了增加通風並提高溫度，鐵匠會用一隻腳踩踏風箱，所以單腳行動不便的鐵匠也不在少數。

日本也有「唐傘小僧」、「獨腳踏鞴」之類的單腳妖怪，一般認為其原型也與製鐵的人有關。

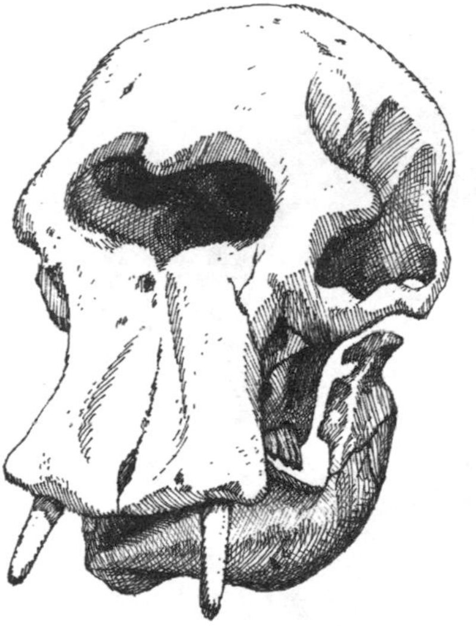

大象的頭骨

小豆洗

Azuki-arai

介紹

傍晚時靠近河邊，除了聽見潺潺流水聲之外，還夾雜著不知從何處傳來窸窸窣窣，像淘洗紅豆的聲音。想尋找聲音的源頭卻又找不到，只能聽見淘洗紅豆的不詳聲音。據說，受到聲音的誘惑而靠近河邊的人會因此落入水中。

這個妖怪就是「小豆洗」（小豆洗い）。在人氣動畫《鬼太郎》中，小豆洗被畫成禿頭男子的形象，但除此之外，也有人認為其外型是小僧侶或老婆婆，小豆洗並沒有明確的形象。相傳看見小豆洗的人會得到幸福或是面臨死亡。所以到頭來，還是沒有人清楚見過它的真身。由此可知，小豆洗是一種「只聞其聲，不見其身」的日本妖怪。

真面目

紅豆不像其他豆類一樣需要浸泡，淘洗時會發出窸窸窣窣的聲音。這種清洗方式又稱為「磨紅豆」，因此這種妖怪又稱作「磨豆妖」。紅豆是一種硬豆，現代人會將紅豆放進枕頭裡或者是做成熱敷袋。自古以來，紅豆摩擦的聲音經常被用來製造海浪或下雨的效果音。

人們從很久以前便已開始多方調查小豆洗的真實身分。有人認為是鼬鼠的尾巴發出的聲音或是嘴巴發出的叫聲。也有人推測是狐狸、狸貓或水獺等動物，或是蟾蜍幻化而成的妖怪，也有可能只是風吹過竹葉時發出的聲音。

小豆洗的真面目在江戶時代揭開正身，它是一種芝麻大小的蟲類，因此被命名為「洗豆蟲」。如今這種蟲被稱作嚙蟲。

嚙蟲生長在樹木茂密的潮溼地帶。牠們的體型非常小，只有幾公釐而已，所以人類很難看清楚，嚙蟲的腳底會透過發聲器官發出聲音。

那麼，為什麼小豆洗清洗的東西是紅豆，而不是其他東西呢？

因為日本自古以來便將紅色的紅豆視為驅除邪氣的神聖之物。舉例來說，日本一月十五日吃紅豆粥的習俗，就是為了驅除邪氣。此外，遇到值得慶祝的事情時，日本人也會煮紅豆飯。

這就是小豆洗只會淘洗紅豆的緣由。

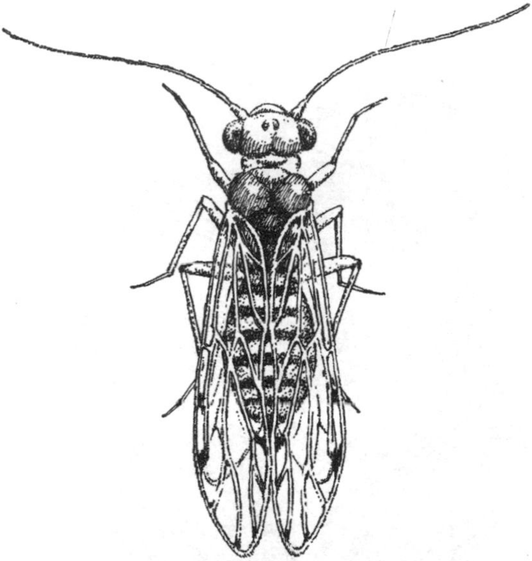

嚙蟲

隱座頭

Kakure-zato

介紹

「隱座頭」（かくら座頭）是流傳於日本東北地區及關東地區的妖怪。

據說隱座頭是一種會將孩童帶往隱村的可怕妖怪。有人認為隱座頭的命名就是來自於「隱村」，相傳它棲息在人類看不到的岩窟深處。日語的「隱村」一詞，原本是以烏托邦般的存在流傳於世，然而不知從何開始成了將孩童帶往異空間的妖怪。沒有人知道那些被帶走的孩子會發生什麼事。

據說，隱座頭會發出踩踏式杵臼搗稻穀的聲音。

隱座頭會伴隨著詭異的聲響而現身於某處，它會隱身於黃昏中並擄走孩童。

真面目

從前的日本，應該有許多在傍晚拐走孩童的「誘拐犯」。而當時的人們認為，誘拐事件是隱座頭的所作所為。

事實上，沒有人見過隱座頭的容貌，人們只能聽見妖怪發出的聲音。隱座頭發聲的真身跟小豆洗一樣，都是嚙蟲的同伴。

在嚙蟲目之中，有許多棲息在室內的蟲類。嚙蟲以黴菌為食，喜歡通風不佳且溼度高的環境。舉凡家中的廚房、抽屜深處、書房的書櫃裡都是嚙蟲的住所。

半嚙蟲科的嚙蟲會棲息在室內，牠們發出的聲音會跟障子門（日式拉門）產生共鳴，發出「沙沙沙」的聲響。這種聲音聽起來很像腳踏式杵臼的聲音。

隱座頭跟小豆洗一樣，由於江戶時代的人們逐漸對嚙蟲辨明了正身。嚙蟲跟日式拉門產生共鳴的聲音被比喻成沏茶聲，因此又被命名為「沏茶蟲」（お茶立て虫）。

江戶時代俳句詩人小林一茶的俳句：「黎明與蟲兒睡飽了，開始沏茶了。」（有明や虫も寝あきて茶を立てる）其中提及的蟲就是嚙蟲。

死亡鐘錶
Death Watch

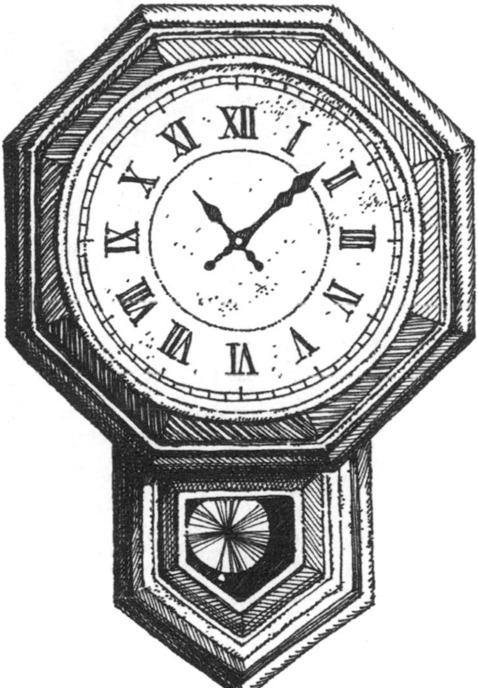

介紹

在某個西式古宅中，某個無人的幽暗房間裡，每到夜晚便會發出「滴答滴答滴答……」的時鐘聲。奇怪的是，這個房間裡並沒有時鐘。雖然很像錯覺，但似乎又並非如此。寂靜無聲的房間裡，唯一能聽見的，只有清晰無比的時鐘聲。

這種詭異的現象被稱為「死亡鐘錶」。

據說，這個時鐘正在進行死亡倒數計時。擁有死亡鐘錶的死神，正靜靜地等著迎接你的死亡。滴答滴答滴答……，時鐘的聲響愈來愈大。不停歇的死亡倒數計時，使你深陷恐懼之中。

真面目

小豆洗和隱座頭的真面目是嚙蟲，死亡鐘錶的真實身分也是會發出巨大聲響的蟲類——食骸蟲。

食骸蟲是醫金龜的同伴，是體型不到一公分的小蟲子。這種蟲的英文名是「death watch beetle」（死亡錶之蟲）。在日語中，「死亡鐘錶」一詞被翻譯為「死番」，因此食骸蟲也被稱為死番蟲。

食骸蟲

目前全世界已知的食骸蟲科有超過兩千個物種，其中大多以乾燥植物為食，牠們是會吃乾燥食品和香菸的害蟲。而且，也有不少品種會啃食書頁。

食骸蟲以枯木或木材為食，牠們會像白蟻一樣在屋子的建材或家具中挖洞，並且鑽入洞裡生存。在木材中的雄性食骸蟲會以頭部敲擊木頭，傳送信號音。雄性透過這樣的方式吸引雌性，並且展開交配行為。

雄性食骸蟲發出的聲音聽起來很像時鐘聲。

這就是死亡鐘錶的真面目。

鵺

N u e

介紹

根據《平家物語》的描述，「鵺」的外型是頭為猿，軀為狸，四足為虎，尾為蛇。

相傳平安時代末期，每到深夜就會有黑雲從森林中飄出，黑雲繚繞於天皇所居住的宮殿，發出詭譎的叫聲。近衛天皇非常懼怕這種不祥之音，甚至因此患病。

擅長射箭的源賴政在這時得到命令，將發出啼叫聲的怪物消滅。源賴政帶著從祖先手中繼承的弓箭，他向南無八幡大菩薩祈禱並射出弓箭，成功命中目標，擊敗了怪物。天皇的身體隨即康復，於是將名刀「獅子王」賜予源賴政作為獎賞。

傳說中，當時被擊落的怪物就是頭為猿、軀為狸、四足為虎、尾為蛇的鵺。

由複數生物組成的生物稱作「嵌合體」（或音譯為「奇美拉」）。

嵌合體一詞的由來，是源自於希臘神話中的怪物「Chimera」。根據希臘神話的記載，Chimera擁有獅子的頭、山羊的身體，以及蛇的尾巴。

舉例來說，人類和魚的組合之中，有人類和魚混合而成的雜種「半魚人」，也有上半身為人、下半身為魚的「人魚」。像人魚這樣的組合就是嵌合體。

我們可以從植物中觀察嵌合體現象。將不同種的植物嫁接在一起，可以在相接結合的地方看見兩種植物的細胞互相混合。這個混合的部分就稱為嵌合體。

但一般而言，動物是無法做成嵌合體的。雖然人類能夠將日本鵪鶉或老鼠等實驗動物的胚胎互相結合，做出細胞融合的嵌合體。但目前的科學技術卻無法做出猿頭狸身的生物。

那麼，如鵺一般的嵌合體到底是否真實存在呢？

真面目

源賴政的祖先是討伐土蜘蛛和酒吞童子的源賴光。

也就是說，作為曾經擊退怪物的菁英家族，源賴政受命將鵺擊敗。

但話又說回來，「頭為猿，軀為狸，四足為虎，尾為蛇」，這樣的生物真的存在嗎？

當一個人想要解釋自己也不大清楚的事物時，通常會搭配熟知的事物加以說明。

比方說，形容某個人的臉時，我們會以眼睛像誰、嘴巴像誰這樣的方式來說明。介紹初次品嘗的料理時，也會說食物吃起來像什麼，味道像什麼。人在解釋未知的事物時，只能湊合我們所知道的事物來加以說明。在日語中，有一種形容美女的說法是：「立如芍藥，坐若牡丹，行猶百合。」試想看看，假如這句話是真的，那不就跟鵺一樣是怪物了嗎？

據說鵺的真實身分並不是哺乳類動物，而是一種叫做虎鶇的鳥類。

虎鶇是體長三十公分的鳥類，牠們並不是很大型的鳥類，會在晚上發出「咻——咻——」的詭異叫聲。

可能是因為原本應該生活在森林裡的虎鶇，不小心住進天皇的宮殿裡，所以天皇才會對聽不慣的虎鶇叫聲感到不寒而慄。

話說回來，「鵺」這個字有鳥字旁及夜晚的夜。

那不就表示人們早就知道鵺的真面目是鳥嗎？

其實這個妖怪的名字並不是「鵺」。鵺本來就是一種鳥類的名稱。

事實上，《平家物語》記載的怪物並不稱作「鵺」。書中對於這種怪物描述是「頭為猿，軀為狸，四足為虎，尾為蛇」，而且據說會「發出如虎鶇般的啼叫聲」。
也就是說，古代的日本人將虎鶇稱作「鵺」，而且人們認為怪物的叫聲跟虎鶇很像。源賴政事件發生以後，這種怪物逐漸被稱作「鵺」。
其實，「鵺」這個字本身就有身分不明的意思。
日本現在也有一些「鵺」的相關詞語，例如「政壇之鵺」（政界のぬえ，形容政壇捉摸不定）

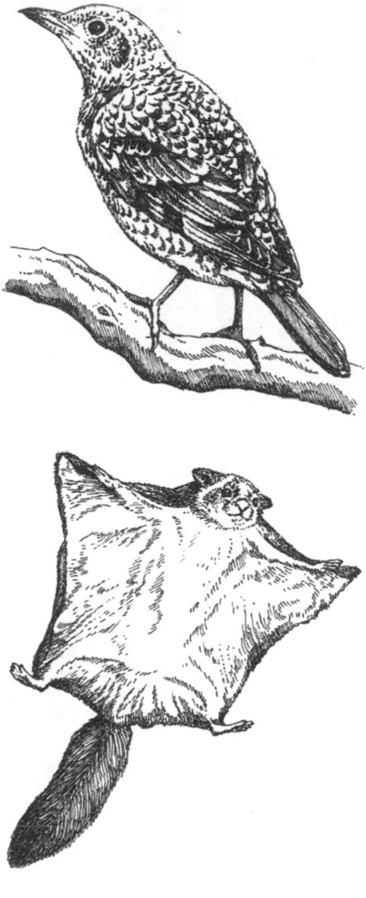

上：虎鶇　下：白頰鼯鼠

的用法，就有來歷不明、捉摸不定的意涵。

不過，從鵺曾被弓箭射落的傳說來看，它墜落的樣子是頭為猿、軀為狸、四足為虎、尾為蛇的怪物型態。難道起因是小鳥被當作怪物，最後被廣為流傳嗎？

江戶時代的儒學家朝川善庵推測鵺的真實身分是白頰鼯鼠。

白頰鼯鼠是松鼠的同伴，體型較大的個體約長達五十公分，屬於大型動物，牠們展開飛膜滑翔時，會變得像坐墊一樣大。

牠們會在深夜展開活動，從窠巢滑翔移動。據說滑行距離有時會超過一百公尺。

白頰鼯鼠的頭部偏圓，跟猿猴很相似，身形則像狸貓。此外，牠們還有能夠攀爬樹木的利爪，四肢跟老虎很像。為了在滑行時取得平衡，牠們具有三〇～四〇公分的長尾。若要形容尾巴的長度，或許就會以「尾巴像蛇」的方式來比喻。

對古時候的人而言，太陽下山就已經是晚上了。更何況虎鶫和白頰鼯鼠是深夜活動的動物，以前的人看不見牠們。因為不清楚虎鶫和白頰鼯鼠的來歷而感到害怕，那也是理所當然的事。

雷獸

Raiju

介紹

源賴政擊敗鵺的故事記載於《平家物語》，關於鵺的真實身分，有一種說法認為鵺就是「雷獸」。

由於雷獸棲息於遙遠的雲端，人們見不到這種生物。人們認為雷獸在空中奔騰時，天空會閃過雷光。

雷獸隨著雷電降於地面，牠會劈開樹木，在地上開出巨大的凹洞。

真面目

雷獸的別名是「千年鼹鼠」或「千年鼹」。

人們認為落雷在地上形成的巨大凹洞，就是雷獸的傑作。

事實上，有人曾在落雷處發現雷獸的屍體，有時甚至會活捉到雷獸。在樹上生活的動物被雷擊落，人類因而發現動物的屍體，有些屍體呈現半生半死的狀態。也就是說，人們曾經見過雷獸的真面目。傳說有人曾經烹煮食用過雷獸。

有人認為雷獸類似小型犬，也有人認為它長得像小狐狸或貓咪。

果子貍

自古以來，一般認為雷獸的真面目是鼬科的日本貂。

還有另外一種說法是，受到落雷驚嚇的鼯鼠或白頰鼯鼠從樹上掉下來，結果被人誤認成雷獸。鼯鼠和白頰鼯鼠都是夜行性動物，以前的日本人很少有機會親眼見到牠們。

近年來，也有人認為雷獸的真面目可能是靈貓科的果子狸（又稱「白鼻心」）。日本貂被認為是雷獸的真身，但牠們平時棲息於森林深處，所以人們經常在村莊或城鎮上見到的動物，更有可能是生活在村落附近的果子狸。

果子狸如今依然生活在東京街道上，牠們是很大膽的動物。夜晚的霓虹街上人來人往，果子狸有可能正從人們頭上的電線竿走過。只不過，東京的居民並未察覺果子狸的身影，果子狸就是這樣的存在。

或許就連古代的日本人也很少見到果子狸的蹤影吧。

事實上，果子貍的來歷至今仍不明。雖然有人認為牠們是明治時期以前引進日本的外來物種，但目前尚未明確其來歷。

管狐

Kuda-gitsune

介紹

「管狐」是修驗道行者（通稱山伏）或通靈者所操縱的一種動物。

管狐又稱「飯綱」，別名源自山伏操控狐狸的咒法「飯綱之法」。

能夠自由操控管狐的人稱為「飯綱使」。

管狐的名稱由來是因為它們小到能夠鑽入管子中。山伏會將管狐放入很小的竹筒並攜帶在身上。管狐就像使魔或式神一樣，作為飯綱使的手下，牠們會遵循主人的意志行動。不過，管狐當然並非只會聽從人類的使役。雖然是小型動物，但聽說牠們擁有憑依人體、以詛咒殺人的可怕力量。

真面目

以前的人們相信世上存在這種生物及恐怖的咒術。

管狐的別稱為「飯綱」，日文發音為「いいづな」，與「伶鼬」的日文發音相同。

因此，鼬科的伶鼬即是飯綱。

伶鼬分布於日本北海道及東北地區，體型跟老鼠差不多大，是世界上最小的肉食動物。

伶鼬

鼬科的白鼬也被稱作管狐。白鼬的棲息地遍布北海道、東北、中部地區的山岳地帶。白鼬和伶鼬皆屬於小型鼬科動物。

一般認為，管狐妖怪的真面目其實就是伶鼬和白鼬。

根據「伯格曼法則」，動物的體形會隨著生活地帶的氣溫降低而變大。舉例來說，日本北海道的棕熊體型比本州的亞洲黑熊更大，而居住在北極圈的北極熊，體型更加龐大。這是因為隨著體型的增大，動物單位體重的體表面積會變小，有助於維持體溫。

然而，棲息於寒冷地帶的伶鼬和白鼬，體型卻比鼬鼠還小。這是因為嬌小的身形有利於牠們藏於洞穴中，並且依靠少量的獵物度過寒冬。

或許人們曾經見過鼬鼠，卻不知道北方及山岳地帶有更嬌小的伶鼬和白鼬。所以才會以為看到小型鼬鼠而大吃一驚。鼬鼠是很機靈的動物，小型鼬鼠的速度有多快，那就更不用說了。人們可能是因為牠們體型才相信管狐會鑽進竹筒裡。

但是，據說能夠操縱伶鼬的「飯綱使」曾經真實存在。伶鼬的身形嬌小且十分精明，可以潛入任何地方。因此，據說古代的人會在戰爭中利用伶鼬放火焚燒敵營。

鎌鼬

Kama-itachi

介紹

突然感覺皮膚被刀刃劃過，四肢出現了傷口。但奇怪的是居然不會痛，也沒有流血。遇到這種狀況時，人們會認為是「鎌鼬」（かまいたち）妖怪在搞鬼。有一種說法認為這是逃走的管狐（第35頁）乘著旋風吸食人血所造成的。

事實上，鎌鼬的真實身分在很久以前已經被解開了。日本在明治時期引入西方科學，妖怪或鬼魂這類的事物已被視為迷信，人們企圖以科學的方式加以解釋。

有關鎌鼬妖怪傳說的解釋是這樣的。當強烈的旋風出現時，旋風的中心會呈現真空狀態，一旦接觸到真空狀態的風，皮膚就會因此被割傷。現代對於鎌鼬現象的解釋大多是如此。

不過，只是起風就能產生真空狀態，像這樣的現象真的會發生嗎？該不會真的是肉眼看不清的鎌鼬在搞鬼吧？

真面目

在文明開化的明治時代，人們嘗試以科學方法解釋江戶時代流傳的各種迷信。當時針對「鎌

鼬鼠

鼬」現象的解釋是：旋風中心的真空狀態造成皮膚割傷。

然而，起風時產生的真空狀態或氣壓差距就能割傷人類的皮膚，這實在令人難以想像。因此，現代人認為原因可能是皮膚表面太冷而裂開，或者是高速的強風刮起細小木片或沙粒，進而造成皮膚刮傷。

但是，以前的人卻認為這種未知現象是鼬鼠引起的。鼬鼠是比狗或貓等動物更敏捷、腳程更快的一種動物。牠們擁有細長的身體，而且伸展身體奔跑的樣子，看起來跑得更快。

對週遭事物提高警覺時，鼬鼠會後腳站立，觀察附近的情況。一旦有人類出現，牠們會保持警戒並靜靜地觀察人類。被鼬鼠凝視的人類會產生內心被看透的感覺。因此，據說鼬鼠跟狸貓、狐狸一樣會欺騙人類。

現代的鼬鼠依然會神出鬼沒。

對牠們來說，潛入看似沒有縫隙的閣樓中生活，從某處侵入正在執行獸害因應對策的養雞場，並且攻擊家雞，這些都不是什麼難事。

正是因為鼬鼠的動物特性，人們才會認為原因不明的現象是出自於鼬鼠之手。

化狸

Bake-Danuki

介紹

據說「狸貓」會幻化成人的模樣。

事實上，日本流傳著許多人類遭受狸貓欺騙的民間故事。

關於狸貓的傳說不勝枚舉，例如狸貓會將葉子放在頭上化成人形，人類以為看到金子結果其實是葉子；人類被狸貓欺騙而掉進儲糞池；狸貓騙人類窺視馬肛門的故事。

雖然這本書打算揭開妖怪和怪物的真面目，但其實自古以來都有人認為所有形形色色的妖怪都是狸貓幻化而成。

假設這個說法合乎邏輯，那所有妖怪的真實身分就已經全部解開了。

那麼，狸貓真的會欺騙人類嗎？

真面目

過往的日本人將狸貓視為一種恐怖的怪物。
日本民間故事〈咔嚓咔嚓山〉的前半部提到，狸貓將老婆婆殺掉後，竟然用老婆婆的肉做成「肉湯」，還讓老公公喝下肚。真是殘酷又可怕的妖怪。

狸貓

「狸」字原本指的並不是狸貓，在中國是意指中型哺乳類，特別是指具有條狀斑紋的「斑貓」（又稱山貓）。但由於日本沒有斑貓，因此以「狸」代表狸貓這種動物。

「狸」的恐怖形象便是從中國的斑貓流傳而來。然而，到了江戶時代，狸貓逐漸被描述成具有大肚腩和大陰囊的妖怪，變得很有喜感。

民間故事〈咔嚓咔嚓山〉後半部描述狸貓的形象十分笨拙，不斷受到兔子欺騙，但其實這是江戶時代以後的狸貓形象。其實〈咔嚓咔嚓山〉是一個經過加油添醋的古老故事，因此前半段和後半段對於狸貓的描述會有所不同。

江戶時代之後，開始出現「妖怪的真實身分是狸貓」的說法。

狸貓原本是住在山林裡的生物，但戰國時代到江戶時代人們對於木材的需求大幅提高，開始砍伐日本各地山上的樹木。於是，被趕出森林的狸貓來到下面的村莊，開始在村裡生活。過不久，狸貓開始在江戶的城鎮生活，接著逐漸出現在人類眼前。

狸貓是雜食性動物，具有很好的環境適應能力。如今甚至連東京的街道都成了狸貓的棲息地。

但話又說回來，狸貓真的會欺騙人類嗎？

雖然牠們不至於做到「變身」，但確實曾經欺騙過人類。

曾經有獵人用鐵炮（※譯註：江戶時代前對槍械、含火砲一類的大型火器的統稱）射擊狸貓，子彈明明沒有擊中目標，但狸貓卻被槍聲嚇到而倒地不起。獵人以為確實擊中目標了，正當他準備將獵物帶走時，狸貓恢復呼吸並逃之夭夭。

這就是所謂的「被狸貓澈底欺騙」（まんまとタヌキに化かされた）。

但是，這似乎不是有意的欺騙行為，狸貓是因為受到驚嚇才昏厥的。從狸貓的角度來看絕非蓄意欺騙，所以「欺騙」或許是意料之外的事。不過就結果而言狸貓也因此得救，死裡逃生。

總而言之，或許這些人類遭受狸貓欺騙的故事，都是在後人以訛傳訛之下產生「狸貓會欺騙人」的刻板印象。

順帶一提，日文中的「狸貓入睡」（たぬき寝入り）代表裝睡的意思，這個用法也是源自狸貓的行為。

狸貓也會出沒在現代日本的都市區和住宅區，牠們在路上遇到車子會受到驚嚇而倒地不起。但很遺憾的是，現代狸貓被車子碾過的事件層出不窮。

貉
Mujina

介紹

日本小說家小泉八雲（本名為拉夫卡迪奧・赫恩）創作的《怪談》中，有一篇名為〈貉（MUJINA）〉的故事。

據說每到夜晚，貉會出沒在東京紀國坂一帶寂靜且人跡罕至的地方。

某天晚上，有個商人趕著爬上紀國坂的坡道，這時發現一名女子蹲著抽泣，哭得很傷心。於是商人走向女子並向她搭話，但這名女子卻繼續哭泣。女子轉過頭來，用手撫摸自己的臉，臉上竟然沒有眼睛，沒有鼻子，也沒有嘴巴。商人大吃一驚，拔腿就跑。

在路邊販賣蕎麥麵的攤販出聲詢問。

「發生什麼事啦？」

「我看到一個……女人！」

害怕不已的商人喘著大氣，回答蕎麥麵店的攤主。

「你看到的，是這樣的臉嗎？」

攤販老闆往臉上一抹，臉上沒有眼睛和鼻子，光滑如雞蛋。……與此同時，店面的燈熄滅了。

這就是貉妖怪的傳說故事。

真面目

一般認為，貉的別稱是狗獾。

不過，日本有些地區以「貉」作為狸貓的別稱。

狸貓是犬科動物，而狗獾屬於鼬科，兩者是截然不同的動物。

正如第46頁的介紹，中國的「狸」字具有斑貓的意涵。「貉」則是意指狸貓的漢字。

由於狸貓和狗獾的外型非常相似，人們會將兩者混為一談。

人們有時會將貍貓和狗獾統稱為貉，也有人將兩者統稱為狸。狸貓和狗獾的稱呼沒有明確的區隔。此外，日本有些地區稱狸貓為貉、稱狗獾為狸，稱呼相當複雜。

不僅如此，除了貍貓和狗獾之外，據說「貉」原本還包含鼬鼠、日本貂等動物。當然，牠們畢竟不是動物園的動物，野生動物一旦察覺到人類的氣息就會逃走，因此人類鮮少清楚看見野生動物的真實樣貌。或許是因為這樣，人們才會將山野間遇到的未知動物通稱為「貉」。

狗獾

順帶一提，日文也有「一丘之貉」（同じ穴の狢）的諺語。

狗獾的日文稱呼為「アナグマ」（穴熊），牠們就跟名字的意思一樣，會在地底挖洞，生活在洞穴裡。狗獾會世世代代住在同一個巢穴，同時也會開挖新的巢穴。據說牠們可以做出長達數公頃的巨大巢穴。

另一方面，由於狸貓本身不會挖掘巢穴，因此牠們大多會借住狗獾挖的巢穴。用煙燻狗獾的巢穴，狸貓會跟狗獾一起跑出來。據說這就是日文諺語「一丘之貉」的由來。

除此之外，雖然民間故事〈咔嚓咔嚓山〉當中提及了有出現狸貓湯，但狸貓的肉腥味很重，據說難以下嚥。必須以酒烹煮，加入生薑才能去除腥味。

然而在〈咔嚓咔嚓山〉故事中，狸貓湯被描述成非常好喝的食物。事實上，也有不少關於「狸貓湯很美味」的故事。

其實這是被誤認為狸貓的狗獾，據說狗獾肉十分美味，中國和歐洲從很久以前就會吃狗獾肉。也就是說，美味的狸貓湯其實是狗獾湯，裡面煮的並不是狸貓肉。

團三郎狸

Danzaburo-danuki

介紹

許多「化狸」妖怪中的狸貓是擁有名字的。

舉例來說，日本四國流轉著三大狸貓的傳說。

阿波國的知名狸貓名為金長。金長狸與阿波國的狸貓總大將六右衛門之間，展開了戰爭。這場戰爭即是阿波狸合戰。

流傳於松山的隱神刑部化狸被奉為八百八狸的總首領。相傳隱神刑部與松山城城主的御家騷動有關聯，因而遭到封印。

此外，香川縣的屋島有個廣為人知的化狸——太三郎狸，牠是某個守護平家的狸貓的後代。太三郎狸是屋島寺的守護神，據說曾登上四國狸貓總大將的位置。

一提到名聞遐邇的化狸，肯定不能忘記佐渡島的「團三郎狸」。團三郎狸是佐渡的狸貓總大將，曾經運用各式各樣的妖術誘騙人類。相傳佐渡島之所以沒有狐狸，是因為狐狸在變身比試中敗給了團三郎狸。但事實上，佐渡島本來就不是狐狸的棲息地。

團三郎狸住在佐渡島的香川町下戶村，牠的居住地十分明確。而且大部分有關牠的故事和傳說也都相當具體清楚。

所以聽完團三郎狸的故事後，肯定會認為團三郎狸是真實存在的狸貓。

真面目

但話又說回來，為什麼佐渡島沒有狐狸呢？

其實不只是佐渡島，日本有許多島嶼不存在狐狸。這是因為哺乳動物很少棲息在地理位置偏遠的島嶼。舉例來說，日本自然分布猿猴的島嶼只有屋久島、淡路島、小豆島；野豬也只會出現在淡路島和西南群島。團三郎狸所在的佐渡島便是如此，不僅沒有狐狸，也沒有猿猴和野豬。

即便是聞名佐渡的狸貓，也只能在奧尻島、隱岐島、壹岐島、天草群島、淡路島、小豆島等島嶼見到牠們的蹤跡。許多島嶼不會出現狸貓，例如西南群島、五島列島、對馬島、伊豆七島、利尻島、禮文島等。但相較之下，狐狸在日本離島的分布範圍比狸貓少很多。有狐狸分布的離島僅有利尻島和五島列島。

狐狸和狸貓的棲息地也跟牠們的飲食有關。雜食性動物的狸貓什麼都吃，因此不需要劃分地盤。這就是為什麼東京的市中心也有狸貓棲息的原因。

相對地，狐狸是肉食性動物。當然，為了傳承子嗣必須展開群體生活，牠們不會單獨行動。因此面積有限的島嶼很難讓狐狸生存下去。

不過，團三郎狸的真面目到底是什麼呢？

化狸傳說中的狸貓大多為了功名而競爭、互相欺騙，最終爆發流血衝突。不論是哪一種故事，聽起來都很有人類的味道。

日文「狸貓老頭」（狸おやじ）一詞將狡猾的男人比喻為狸貓。或許在日本，那些背著老天爺，在地下社會裡暗中活躍的可疑之人也被稱為狸貓。

尤其是遠離京都和江戶的離島上，可能有許多不同於日本本土的集團勢力曾經橫行霸道。

據說團三郎狸有分家，分別是小岩的小三郎及浮島池的四郎；日本各地都有牠的部下，例如東光寺的禪達、湖鏡庵的財喜坊、大杉明神的寒戶等。團三郎狸簡直就像黑道的老大一樣。

相傳團三郎曾經放債給人類的商人，或者是協助人類進行選舉。以化狸妖怪來說，牠的行為實在有些不入流。

還有另一種謠言提到「團三郎」其實是一名販賣狸貓皮的越後商人之名。也就是說，大名鼎鼎的狸貓妖怪，真實身分可能是狩獵狸貓的集團老大，真是諷刺。

此外，團三郎狸的巢穴「佐渡島」以及知名長金狸居住地的「阿波」，都以龐大的金山而聞名。其實金山和狸貓有很深的淵源。

在金銀礦山開採時，送風的風箱是用來熔化金子的必備工具。而狸貓曾經是製作風箱的材料。據說金山的工匠曾為了準備風箱的原料，而將狸貓帶入金山繁殖飼養。還有一種說法是，佐渡島不僅沒有狐狸，也沒有狸貓，佐渡奉行所是為了開挖金銀礦山才將狸貓引進佐渡島。

當時將徒手開挖金山的方法稱為「狸掘法」（狸堀り）。正如前文所述，狸貓常被誤認成會挖洞的狗獾。再加上狸貓和狗獾會共同生活，所以人們對於狸貓生活在洞穴的印象又更深刻。

有些人會在遠離城市或村莊的山上挖洞生活，說不定他們曾經被人們稱為狸。而團三郎狸則有可能是那群狸之中的大將。

豆狸

Mame-danuki

狸貓的形象是睪丸很大。知名的信樂燒之狸也有擁有巨大而下垂的睪丸。

日文有一句俗語是「貍貓的蛋蛋，八張榻榻米」（狸の金玉八畳敷き）。

據說狸貓睪丸延展後，可以達到八張榻榻米的寬度。

其中有一種稱為「豆狸」的妖怪，因為會使用陰囊而廣為人知。

江戶時代的古書中記載著，豆狸「跟普通的狸貓不一樣」。牠比普通的狸貓還有智慧，只要對著陰囊吹氣，就能做出大而寬敞的房間，還能披上自己的陰囊，變化成各式各樣的模樣。

但事實上，狸貓的睾丸非常小，大約只有人類小指頭前端的大小而已。

不如說，狸貓睪丸在哺乳動物中屬於比較小的那一類。既然如此，為什麼狸貓會被嘲笑睾丸很大呢？再說，八個塌塌米大的睾丸，這也太誇張了吧？

真面目

對以前的人來說，潛伏山中的野生動物是令人敬畏的存在。有些生物會因人類的敬畏之心而被當作神明祭拜。日本將灰狼視為山神，而狐狸和鹿是神社中的神之使者。

而其他動物則被視為妖怪或怪物，令人感到懼怕。

以前的人看不見在黑暗中活動的野生動物，認為野生動物是很可怕的存在。狸貓曾經也是一種可怕的妖怪。但是到了江戶時代，人們對狸貓的想像逐漸轉變為愛喝酒、活潑幽默的角色，因而深得人心。關於「狸貓睪丸很大」這件事，也是很符合狸貓形象的描述。

狸貓曾經是山裡的生物，後來逐漸改變生活圈，從山林移居到村莊，變成能在江戶城裡看見的常見動物。因此，人們對狸貓產生了親近感。

但是，畢竟狸貓也是野生動物，還是有人類無法理解的地方。即使容易對狸貓產生親近感，人類還是無法忘記牠們是一種可疑的妖怪。

人類會把喝酒醉、失去理智的行為怪到狸貓身上，認為自己被欺騙了。

狸貓坐下時，毛茸茸的大尾巴會從胯下延伸到腹部，聽說人們因此將尾巴誤認成睪丸，以為狸貓的睪丸很大。狸貓的大尾巴確實看起來頗像睪丸。或許這也是狸貓睪丸之所以變大的原因之一。

但是，據說狸貓的睾丸可以延伸至八個榻榻米大。就算再怎麼巨大，也不可能跟八個塌塌米一樣大吧？

有人認為傳說可能源自於日本的金箔製作技術。

事實上，狸貓皮的耐久度很好，因此曾經被用來製作金箔。工匠以狸貓皮包住一匁金球（約三・七五克），以錘子敲打延展，做成寬度相當於八個塌塌米的金箔。「貍貓的蛋蛋，八張榻榻米」並不是指「狸貓的睪丸大至八張榻榻米」，而是「用狸貓皮包裹的金球，可延展至八張榻榻米大」。

除此之外，正如先前的介紹，開挖金銀礦山的工匠會使用狸貓皮原料製成的風箱，而鐵匠也是會用到狸貓皮風箱的一種職業。運用吹踏鞴製作鐵器時，必須用風箱吹出強風才能熔化鐵器。從事製鐵相關工作的人會患上一種睪丸肥大的職業病——陰囊水腫。據說病因不明，從前許多日本鐵匠曾患上此病。

除此之外，還有一種寄生蟲引發的怪病，稱作陰囊象皮病。在醫療技術不足的時代，甚至有些患者的睪丸變得非常肥大，重達數十公斤。患上疾病的人無法從事工作，於是在遠離村莊的地方居住，將肥大的睪丸當作一種雜技並供人觀賞，藉此維持生計。

說不定這些人的存在也加深了人們對於狸貓睪丸巨大的想像。

妖狐

Youko

介紹

「狐狸」是跟狸貓一樣有名的動物妖怪。據說狐狸也會化身成人形或是欺騙人類。不過相較於形象滑稽的狸貓，狐狸看起來更加可疑。此外，世人對狐狸的印象是擁有細長臉型的貌美女性。

雖然傳說中的狸貓和狐狸會互相欺騙彼此，但總覺得狐狸看起來比狸貓更陰險狡詐。那狐狸又為什麼會欺騙人類呢？

真面目

狐狸是一種散發神祕氛圍的動物。牠們具有美麗的毛色，體態也很優美，而且動作既敏捷又柔軟。所以狐狸化成女性的形象強烈，也是再自然不過的事。

雜食性動物的狸貓會在住家附近現身，但狐狸卻不容易被人看見。

而且，相較於沒有地盤意識的狸貓，狐狸擁有大片地盤。因此人類鮮少有機會親眼見到狐狸的身影。

此外，狐狸被人類發現後並不會逃走，而是靜靜地觀察情況。

狐狸

一旦有人接近狐狸，牠們會稍微逃開以保持距離，並且站著凝視人類。狐狸是具有地盤意識的動物，直到人類離開地盤之前會持續保持警戒。

但從人類的角度來看，總覺得狐狸好像正在邀請我們。日本民間故事中也有許多關於狐狸引路的故事，也許原因正是出自於此。

事實上，狐狸或許不曾欺騙人類，但卻會在狩獵時欺騙獵物。

舉例來說，狐狸有一種「引誘獵物」的狩獵行為。

牠們會盯著獵物看，待在不會讓獵物逃走的範圍裡四處打滾，露出痛苦的樣子。獵物受到狐狸演技的吸引，產生好奇心而忘記逃跑。狐狸會一邊用力打滾，一邊慢慢接近獵物，趁獵物不注意的時候襲擊。真是充滿魔性的演技，令人害怕的欺騙之術。

此外，擁有利齒的狐狸在捕獵水鳥時，會用水草或雜草纏繞身體，利用偽裝的行為來接近獵物。相傳狐狸化成女性時，會將河裡的水藻放在頭上，這也是源自於狐狸的習性。

狐狸變成人類時會出現一種叫做狐火的鬼火。狐火現象又被稱為人魂。

有人認為狐火是磷的自然發火現象。

以前的墳場採用土葬，屍體分解後所產生磷化合物會引起自然發火的現象。也有可能是狐狸盜食屍體時，叼在嘴裡的人骨含有磷化合物，進而產生發光的現象。

另外補充介紹，幾個連在一起的狐火被稱為「狐狸出嫁」（狐の嫁入り），據說是野獸在路上留下糞便，由糞便分解的磷化合物所產生的現象。

足音先生

Betobeto-san

介紹

走在幽暗的夜路上，後方總是傳出「啪嗒啪嗒」聲，聽起來很像溼溼的腳步聲。

然而，停下腳步回頭一看，卻什麼也沒有。重新邁開步伐後，「啪嗒啪嗒」的腳步聲卻又再次出現。

據說「足音先生」（べとべとさん）只會發出腳步聲，並不會加害人類。但被某種東西跟在後頭的感覺實在不太舒服。聽說只要讓路說道：「足音先生，您先請吧。」足音先生就會離開。

如此神奇的妖怪，真實身分是什麼樣的生物呢？

真面目

足音先生是只會發出聲音的妖怪，沒有人見過牠的模樣。

據說人類經常在下山時遇到足音先生。

因此，足音先生的真面目有可能是野狼。

在日文中，有個詞彙叫做「護送狼」（送り狼）。

在現代的日語中，「護送狼」指的是護送女性回家後對其施暴的壞男人，原本是指野狼護送人類下山的意思。現實中的狼不僅不會襲擊或攻擊人類，甚至會禮貌地護送人類。

埼玉縣的三峯神社將狼祭拜為神的使者，據說狼會在參拜後的回程守護參拜者。參拜者在第一個鳥居附近表達謝意後，請狼離開。

不僅如此，日本各地皆有流傳野狼在山路間護送人類的故事。這就是所謂的「護送狼」。民間流傳著許多關於護送狼的故事，一般認為，狼護送人的現象是真實存在的。

狼有一種稱為「送行行為」的習性。一旦有人類進入狼的地盤，牠們會持續監視，直到人類離開地盤為止。送行的行為並不是為了襲擊人類，而是為了保護自己的家人，所以牠們不會危害人類。人們誤會了狼的「送行行為」，以為牠們會親切地護送自己。

但是，人走夜路時無法看見狼的身影，只會聽見啪嗒啪嗒的腳步聲。因此一般認為，這就是足音先生的真實身分。

可惜的是，曾在日本生活的日本狼，如今已全數滅絕。在山中與足音先生邂逅，已成了永遠無法實現的事。

灰狼

子泣爺爺

Konaki-jiji

介紹

相傳有個人在夜晚走山路時，聽見山上傳來嬰兒的哭聲。他往聲音的方向走近一看，發現路邊有個嬰兒正在哭泣。「這種深山裡怎麼會有棄嬰呢？」他一邊想著一邊將嬰兒抱起，卻發現嬰兒臉上滿是皺紋，看起來就像老人一樣。他嚇得放開了手，嬰兒卻緊抓不放。不久後，嬰兒變得重如石頭，奪走了他的性命。

「子泣爺爺」（子泣きじじい）的外型雖然滑稽，卻是相當可怕的妖怪。

真面目

日本民俗學之父柳田國男調查後得出的結論是：子泣爺爺的傳說是虛構的故事。

有一說認為，曾經有個老人會發出嬰兒哭聲般的奇特叫聲，於是人們以此事實為本，創作出子泣爺爺的傳說。

子泣爺爺是流傳於德島縣山間的傳說故事，經人們口耳相傳，關於山裡傳出嬰兒哭聲的妖怪傳說在四國各地傳開。

不過，即便老人的相貌及重如石頭兩件事是虛構的，關於嬰兒哭聲的描述似乎是真的。其實，子泣爺爺也是只聞其聲不見其影的妖怪。

有一些動物會發出嬰兒般的叫聲。

比方說，春季夜晚是貓談戀愛的季節，牠們甜膩的發情聲聽起來很像嬰兒的哭聲。

再舉另一個例子，烏鴉會模仿人類的聲音，因此也有可能發出嬰兒般的叫聲。

除此之外，蒼鷺會發出「嘎啊——」的啼叫聲，聽起來也很像嬰兒哭聲。不過，我們普遍認為鳥類不會在夜晚行動，因此很難想像鳥會在晚上啼叫。

雖然蒼鷺是晝行性動物，但到了繁殖期，牠們會為了大量覓食而在夜晚行動。不見蒼鷺的蹤影，卻聽見叫聲在黑暗中迴盪，這應該會令人感到不寒而慄吧。

貓頭鷹是夜行性動物，其中短耳鴞的普通叫聲很像嬰兒或幼兒的聲音。此外，貓頭鷹父母的叫聲是「喔——喔——」，但小貓頭鷹向父母索取餌食時會發出嬰兒般的叫聲。

事實上，相傳青森縣有個叫做「祟梟」（たたりもっけ）的妖怪，外型似貓頭鷹，叫聲很像嬰兒哭聲。據說不詳的嬰靈會發出貓頭鷹的啼叫聲。

棲息於森林裡虎鶇也是會在夜晚啼叫的鳥類。虎鶇的體型雖小，聲音卻很宏亮。在黑暗中響

蒼鷺

起的虎鶇啼叫聲令人毛骨悚然，因而衍生出各種的妖怪傳說。第25頁介紹的鵺是很恐怖的怪物，牠的真身就是虎鶇。

虎鶇如笛音般尖銳的啼叫聲，聽起來也很像幼兒的哭聲，彷彿正在叫喚人類。四國有許多陡峭的高山和深谷，山裡迴盪的啼叫聲可能很像嬰兒的哭聲。

能發出嬰兒般叫聲的生物真是意外地多。

雖然嬰兒的聲音很可愛，但在不該出現嬰兒的深山裡聽到這種聲音，反而會渾身發毛。黑暗中響起的哭聲勢必會讓人戰慄不已。人類聽到聲音後，應該會產生可能遭受襲擊或殺害的恐懼心理吧。

撒沙婆婆

Sunakake-baba

──介紹──

妖怪「撒沙婆婆」（砂かけばばあ）在《鬼太郎》中是主角鬼太郎的夥伴。她使用的武器是沙子。

撒沙婆婆是流傳於奈良縣、兵庫縣及滋賀縣的妖怪，據說她會在夜晚對行人潑撒沙子，嚇唬人類。

那麼，這個妖怪的原型是哪種生物呢？

──真面目──

雖然日本民間流傳著撒沙婆婆的傳說，但其實沒有人見過她的真實面貌。也就是說，沒有人知道她的長相是不是老婆婆。

有人認為撒沙婆婆的真身是狸貓。除了撒沙婆婆以外，還有兩種會撒沙的妖怪，分別是「沙狸」和「撒沙狸」。牠們會在高處對著夜晚的行人潑沙。關於狸貓撒沙的故事也在日本各地廣為流傳，跟撒沙婆婆的故事十分相似。

然而，「沙狸」和「撒沙狸」的故事描述狸貓欺騙人類、對人類惡作劇的行為；但現實中的狸貓卻不會從樹上撒沙子，牠們甚至不會爬樹。

撒沙婆婆的真面目尚未明確，但有一說認為她其實就是白頰鼯鼠。

白頰鼯鼠在空中滑翔時會排出糞便。小塊的糞便碰到樹葉，在一片幽暗中發出聲響，這突如其來的聲音嚇到了人類。有人認為這可能就是沙狸和撒沙婆婆的傳說由來。

白頰鼯鼠居住在村落附近，但因為是夜行性動物，人類鮮少有機會見到牠們的身影。白頰鼯鼠會在夜晚活動、發出聲響，所以被誤以為是妖怪的情況應該不少見。

野衾

Nobusuma

介紹

自古以來，「野衾」（野襖）被認為是一種神出鬼沒的妖怪，人們十分懼怕牠。傳說中，人類晚上外出時，這種妖怪會突然冒出來撲在人臉上。牠的身體很像包袱布，會擋住人臉使其窒息而亡。

晚上突然受到攻擊的人，肯定會感到驚恐不已。

真面目

野衾是一種在空中飛翔的動物。有人認為牠是由蝙蝠衍生而來的妖怪。蝙蝠在空中飛行的身姿其實意外地少見。在日文中，據說蝙蝠的名稱由來是「川守」（かわもり）。傍晚時的河川上會出現蜉蝣，蝙蝠會為了覓食而聚集於往河川一帶。又或者，因為牠們會吃蚊子，所以也有人認為其名來自於「屠殺蚊子」（蚊屠り）或「想要蚊子」（蚊を欲り）（※譯

註：發音接近蝙蝠的日文發音）。或許是因為蝙蝠正在捕食蟲類的樣子被人類撞見了，才有此一說吧。

然而，野衾的真實身分並不是蝙蝠。野衾會在陰暗的山裡突然劃過天空。蝙蝠則以拍動翅膀

飛鼠

的方式飛行，跟野衾飛行的樣子不同。根據江戶時期《梅翁隨筆》奇談集的描述，野衾「外型似鼬鼠，身體兩側部位，如翅膀卻非翅膀」。平田篤胤的《仙境異聞》記載道：「外型似鼬鼠，有鰭，如包袱布，節上有爪。」

文獻中的形容就是白頰鼯鼠和鼯鼠的特徵。牠們會在白天躲入樹洞，然後突然在黑暗的空中滑翔。傍晚在空中盤旋的蝙蝠很引人注目，相比之下，在深夜活動的白頰鼯鼠和鼯鼠幾乎不會出現在人類眼前。

此外，白頰鼯鼠進入交配期時，追求雌性的雄性會在人的頭部附近飛行。有時甚至會因飛行失敗而墜落，可能會落在人類的頭上。天上出現如坐墊般大的動物，突然將人的頭部蓋住，遇到這種事的人肯定會被嚇到。

對於無法理解的事物，人類會感到很恐懼。而且又看見不該看見的事物，聽見不該出現的聲音，在夜晚山中遇到這種情況的人會為了形容恐懼的心情而誇大其詞。

於是，野衾被描述成會吸食人血、襲擊人類、悶住人臉的存在。

經過口耳相傳後，變成令人畏懼的妖怪。

一反木綿

Ittan-momen

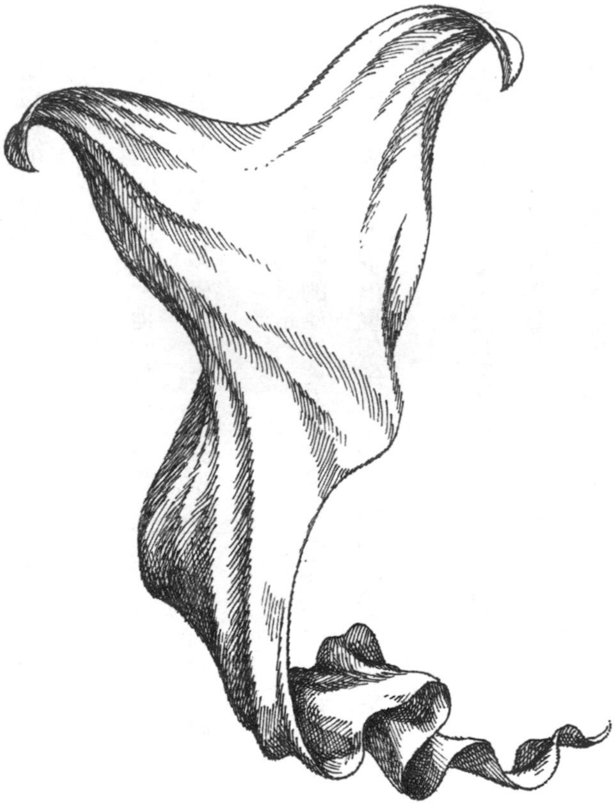

介紹

「一反木綿」的外型如同其稱呼，是一塊木綿和服布料。

一反是指長度約一〇・六公尺，寬度約三〇公分的面積大小。

據說有人在夜晚外出時，突然飛出一反白色的木綿。木綿攻擊人類，纏住他的脖子，蓋住臉部使他窒息而亡。

是否真實存在這種類似薄布料的生物？

真面目

一般認為，一反木棉的真實身分就是白頰鼯鼠，這可能有些令人意外。畢竟白頰鼯鼠怎麼看都不像一塊白色的木綿布料。

其實白頰鼯鼠會在展開飛膜時露出白色的腹部。有人認為牠們露出白色腹部、在空中滑翔的樣子很像一反木綿。不過，牠們的身形當然不像一反木綿那般細長。

明亮的白色物體在一片昏暗中晃動時，留下長長的殘影，這種現象稱作「積極性殘像」。所以白頰鼯鼠在黑暗中露出白色腹部滑翔的樣子，就會很像一塊長長的白布。

野衾（第80頁）的介紹中也有提到，白頰鼯鼠飛行失敗時會不小心停在人的臉上。也許，這就是一反木綿攻擊人類的傳說由來。

假如牠真的攻擊、殺害了人類，那相關故事就不可能流傳下來。既然故事被傳開了，就表示遭受一反木綿攻擊的人類揮開了白頰鼯鼠，並且死裡逃生。

化貓

Bake-neko

介紹

相傳人類長期飼養的老貓會變成「化貓」妖怪。
變成化貓的貓不僅會說人話、操縱亡者，還能附身在人類身上。
據說變化多端的化貓會舔舐燈籠的油，還會幻化成遊女的樣子。
為什麼會有這種傳說呢？

真面目

雖然貓咪是很可愛的寵物，但牠們跟狗不一樣，比較不親近人類。所以我們完全不理解貓咪在想什麼。貓無視人類並離開後，牠們會冷冷地觀察人類，或者眼睛在黑暗中發光。
因此，也難怪人們會認為貓很神祕怪異。
通常要使用燈油才能點亮燈具，而江戶時期的人會以油菜榨出的油來點亮燈籠。也就是說，古代人使用的油跟現代人食用的菜籽油是一樣的。人們也會用便宜的沙丁魚油點燈。

貓原本是肉食性動物，但被人類飼養後，主要的飼料卻是米飯類的穀物，也就是所謂的「貓飯」（ねこまんま）。貓經常被餵食脂肪少的飼料，所以對牠們來說，菜籽油或魚油是很美味的

貓

食物。

不過話又說回來，貓咪這種動物也是會怕火的。

可能只有經驗老道的老貓才有辦法靠近點亮的燈籠，舔拭燈裡的油。

此外，貓接近燈籠的火光時，映照出的影子會變大。貓在燈籠火旁邊舔食油時，映在日式拉門上的影子會變得很龐大。難怪看見巨大影子的人會以為化貓現身而驚嚇不已。

順帶一提，還有一種會舔食燈籠火的女性妖怪，稱作轆轤首。由來可能是飢餓難耐的遊女伸著脖子舔食燈籠油。於是，人們從舔油的共通點衍生出貓會化身成遊女的傳說。

火車

Kasha

介紹

日文的「火焰車」（火の車）一詞具有經濟貧困的意涵。而「火焰車」的語源是一種叫做「火車」的妖怪。

火車會在送葬場合的天空中現身，奪走送葬隊列或墓地裡的死者遺體。有一說認為，火車會奪走作惡多端之人的死後遺骸。火車會折磨死者，遭受折磨的模樣就是「火焰車」。

相傳火車的真實身分是老貓化成的貓又。

真的是這樣嗎？

真面目

一般認為火車的真實身分是夜鷺。

大部分的鳥類屬於晝行性動物，不會在夜晚活動，但夜鷺卻是夜行性的鳥類。牠們會在昏暗的河邊發出聲音並捕食魚類，飛入夜空時會發出響亮的啼叫聲「嘎——」。在沒有電力的時代遇上這種情況應該很令人毛骨悚然吧。所以夜鷺被人們誤以為是妖怪，也不是什麼稀奇事。

除此之外，夜鷺也被認為是火球的真面目。

夜鷺

當夜鷺飛過全黑的夜空時，白色的腹部看起來像在發光。這是人們將牠當作火球的原因。

原因還不止如此。

死魚的身上含有會發光的發光細菌，但由於現代處於燈火通明的環境，很難看見發光細菌所發出的光亮。不過，我們可以在魚販賣的魷魚表面觀察到發光細菌，牠們會在黑暗的冰箱裡悄悄發光。

假如夜鷺叼著含有發光細菌的死魚在天上飛，人們會看見發光物體在空中飛行。

此外，除了死魚含有發光細菌之外，枯萎的水草也含有發光細菌。如果夜鷺的身體或腳沾到發光細菌，身體應該會發光。

當然，發光細菌所發出的光十分微弱。但跟現代的電力照明不同的是，古時候的人只能仰賴星星照亮全黑的夜晚。假如月亮或星星的光被雲遮住了，夜空就會變得更幽暗。因此，微弱的光所散發的亮度應該便足以嚇到以前的人們。

一般認為，飛在天上的火球及火車的真身就是夜鷺。牠們恐怖的啼叫聲「嘎——」口耳相傳成了火車妖怪的聲音。

姥火
Ubabi

介紹

根據河內國（今大阪府）與丹波國（今京都府北部）的傳說，民間出現一種具有老婆婆面容的怪火。相傳有個老婆婆偷了神社的神燈油，怪火由老婆婆變化而成。

令人害怕的是，具有老婆婆面容的怪火會發出一種毛骨悚然的叫聲「嘎啊——」。那麼，姥火的真實身分到底是什麼呢？

真面目

一般認為，會發出「嘎啊——」驚悚叫聲的姥火，其實就是蒼鷺。

日本有一種被稱為「青鷺火」的神祕現象，鷺鳥的身體一到晚上就會發出青白色的光。下雨時，樹叢散發青白色的光亮，屋頂冒出青白色的火焰；從很久以前開始，人們便認為這是鷺鳥所引起的現象。此外，人們自古以來認為鷺鳥的羽毛會發光，飛上天後會變為火球，甚至還有鷺鳥會噴火的傳說。以前的人曾經親眼見過發光的鷺鳥。

青鷺火的別名是「五位火（音近「夜鷺火」）」。雖然以前的人稱其為「青鷺」，但其實他們在黑暗中應該分不出蒼鷺和夜鷺的差別。被人類稱為青鷺的生物多半是指夜行性的夜鷺。

夜鷺是夜行性動物，但蒼鷺是晝行性動物，因此牠們無法像夜鷺那樣在夜晚中活躍。不過，夜鷺也會在微涼的黃昏時，或是皎潔的月光下捕魚和飛行。蒼鷺是鷺鳥中體型最大的鳥類，身體約長達一公尺；展開翅膀時，甚至可以達到兩公尺。

蒼鷺跟夜鷺一樣，如果叼著含有發光細菌的魚，或是身體沾到發光細菌的話，看起來就會非常顯眼。

而且，蒼鷺也會發出很像夜鷺的叫聲「嘎啊——」，牠們會一邊發出響亮的啼叫聲一邊飛遠。這就是蒼鷺演變成姥火的原因。

油須磨

Abura-sumashi

介紹

「油須磨」（油すまし）是一種人形妖怪。

他全身穿著蓑衣，正如日文名稱有「裝模作樣」的含義（※譯註：油須磨的日文名為「油すまし」，其中的「すまし」有裝模作樣、裝正經的意思），擺出一臉「正經的表情」。

油須磨會拿著裝油的瓶子，突然在山頂出現並嚇唬人類。

忽然有妖怪從人煙稀少的山路上冒出來，應該任誰都會受到驚嚇才對。

真面目

油須磨是個充滿謎團的妖怪。

雖然他身穿簑衣的形象為人熟知，但其實這身打扮並非來自古老故事，而是因為在家喻戶曉的《鬼太郎》漫畫中，油須磨以身穿簑衣的地藏菩薩模樣登場。

至於油須磨實際上是個什麼樣的妖怪，目前尚未明確。

大約在明治時期，民間流傳熊本縣天草的山路間曾出現油須磨。據說某個老婆婆對孫子說：「聽說這附近從前出現過油須磨妖怪喔。」老婆婆說完後，油須磨便冒出來回應：「現在也會出現喔。」

這個地區的人用來表達「榨油」（油を絞る）的用詞是「油をすめる」，所以有人認為油須磨（油すまし）可能有榨油的含義。

還有人認為油須磨是會盜油的人類幽靈。

京都和滋賀縣流傳「油和尚」和「盜油人」等妖怪的故事，他們是會偷油的人類幽靈。一般認為，偷油幽靈的真實身分是蒼鷺和夜鷺。

名稱帶「油」字的妖怪，比如油和尚或盜油人，大多是在夜空飛行的怪火。古代的燈是用油來點亮的。以前的人有可能將空中飛火的情況解釋成妖怪偷油並天上飛。

正如第96頁的說明，怪火的真實身分是蒼鷺和夜鷺。

後來，關於怪火的傳說愈傳愈誇大，進而衍生出妖怪的傳說。

曖波

Ebo

介紹

日文中有個詞語叫做「黃昏時」。

「黃昏」（たそがれ）源自於「誰そ彼」（たそかれ）一詞。意指夕陽落下後四周漸暗，融入昏暗暮色的人臉變得模糊不清。我們甚至看不清經過身旁的人臉，心想：「那個人是誰？」

「那是誰」就是「黃昏時」（たそがれどき）的由來。

不亮也不暗的黃昏時分，現在依然是容易發生交通事故的時段，必須多加小心。

對從前的人而言，黃昏代表白天和夜晚的分界線。

自古以來，人們認為分界線中模糊的時間和空間容易出現妖怪。

在黃昏分界線中現身的妖怪被稱為「曖波」（エボ）。

曖波妖怪會在暮色中現形，悄悄地帶走孩童。

麻鷺

有一種鳥會發出「波嗚——波嗚——」的啼叫聲。

這是麻鷺的叫聲。麻鷺棲息於森林中，黃昏變成夜晚後發出啼叫聲。麻鷺的聲音很模糊，似乎從傍晚開始就能聽見聲音。

人的視線容易在黃昏時段受阻，對小孩子來說是很危險的時段。他們可能失足跌落懸崖或河川，如果太晚回家，天色陷入一片黑暗。

現實中也曾經發生誘拐犯在傍晚拐走孩童的事件。比起對晚上待在家的孩童下手，在傍晚的時候誘拐孩童更容易得逞。

現在日本傍晚出現的鐘聲，可能是用來提醒孩童回家的暗號；在以前的時代，每到傍晚就會出現麻鷺的叫聲。於是人們以此告誡孩子：「如果玩到太晚，會被曖波抓走喔！」

阿瑪比埃

Amabie

介紹

二〇二〇年新冠肺炎疫情擴大，某個妖怪在日本備受矚目。這個妖怪叫做──阿瑪比埃（アマビエ，又意譯為「海異光」）。

相傳江戶時代的肥後國（今熊本縣），每天晚上海裡都會發出光亮。當時的官吏出船探查，在海上遇見了自稱「阿瑪比埃」的妖怪，妖怪預言道：「今起往後的六年裡各國都有好收成，但會同時發生疫病大流行，趕緊將我的畫像拿給人們看。」語畢，牠回到了海裡。

於是，官吏繪製的「阿瑪比埃畫像」在江戶傳開，成為驅除疾病的象徵。到了二十一世紀，全球大流行的新冠肺炎疫情擴散，阿瑪比埃畫像在日本掀起一股風潮。

真面目

阿瑪比埃的圖像雖被畫在江戶的瓦版上，但肥後國當地並未流傳阿瑪比埃的故事。這就好比有關學校或隧道的怪談，提及與自己無關、有點偏遠的具體地點，可以讓故事更有說服力。

關於阿瑪比埃的紀錄少之又少。日本還有一種妖怪叫做「尼彥」（※譯註：尼彥發音為アマビコ，與阿瑪比埃的發音アマビエ相似，只差一個音），有一說認為，可能是尼彥的片假名「コ

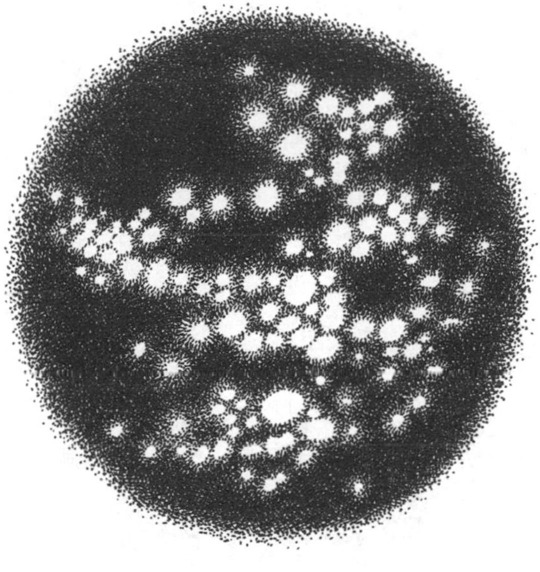

發光細菌

（ｋｏ）」被誤讀為「エ（ｅ）」，後來被人們傳開。

阿瑪比埃是有鳥嘴和魚鱗的半人半魚，這裡先姑且不論其真實性，著重於「海異光」的分析。

看見「海異光」這般神祕景象後，應該任誰都不想讓話題止於「那只是普通的海光」。人會想要編造某個神奇之物現身的故事，而且不能只是單純的「現身」，還得「對人類宣告某件事」，這是再自然不過的事了。

話雖如此，真的有可能發生「海洋發光」的神祕現象嗎？

死魚被海浪推到沙灘後，開始分解死魚的發光細菌會在這時繁殖發光。

除此之外，海裡的藻類會在海流和海水溫度的影響下，突然大量繁殖。藻類枯萎後，發光細菌會為了分解藻類而大量繁殖。這就是海中之光的真實情況。

一九九五年，英國商船曾在索馬利亞海岸看見海中白光，這件事已得到科學證實，人類已成功用人造衛星捕捉到此現象。也就是說，海裡發光的強烈程度，甚至從外太空都看得見。

古今東西的傳說或童話故事中，有時會出現關於「海洋發光」的描述。而現實中的海洋發光現象也已經得到科學上的證實。

件

Kudan

介紹

當全世界因疫病或災害而籠罩於不安的氛圍中，不知從何而來的異形便會現身，向人們傳達預言，牠們是——預言獸。日本全國各地有多種預言獸的目擊案例，其中之一，即是廣為人知的妖怪「件」。

漢字寫作人字旁加一個牛，代表半人半牛的怪物。牠經常被畫成身體是牛、臉是人的人面牛形象。有人認為牠是人與牛所生的生物。

據說，牛生出的件會說人話，牠會在發表重大預言的幾天後死亡。一提到日本妖怪，我們都會認為是古代傳說，但近代化的明治維新以後，仍有人看見件的身影。

比如明治四十二年（一九〇九年），報紙刊登了人面牛的消息，牠在發表「日本將與俄羅斯發生戰爭」的預言後隨即死亡。

除此之外，相傳件也曾在昭和時代現身，留下第二次世界大戰空襲與戰爭結束的預言。

如果預言來自現代科學尚未發達的江戶時代，那還說得過去。但是，這個妖怪甚至在有飛機、汽車的時代登報，牠的廬山真面目到底是什麼？

真面目

據說日本的畸形秀（見世物小屋）產業，曾經將件的剝製標本作為珍奇異獸展出。世界上還有河童木乃伊及人魚木乃伊的標本，但其實這些木乃伊都是江戶時代職人製造的偽造物，他們運用剝製技術加工各式各樣的動物，也就是職人製作的工藝品。據說，這些工藝品被用於日本的畸形秀，或者銷往中國或荷蘭等地。

那麼，件的剝製標本是否也是人造物呢？

結果似乎並非如此，經過調查後發現，件的剝製標本並沒有加工過的痕跡。件的剝製標本是真的標本，這表示件是真實存在的。

其實，現代也罕見地出現過鼻子很大的畸形牛、羊或山羊。非正常個體的畸形動物會在出生數日後死亡。大鼻子的畸形動物看起來很像人的臉，因此也在如今的社群網路上掀起話題。

這些畸形動物真的有預言能力嗎？

面部有如人臉的牛，出生後便成為眾人話題。不過，只提到人面牛身的故事變得很無趣。奇

畸形牛

異之牛誕生的故事讓人感覺更神奇的事似乎即將發生。於是，傳說被人們加油添醋，變得愈來愈光怪陸離，經過眾人的口耳相傳，形成「件會預言」的傳說。

有趣的是，第二次世界大戰結束之際，件預言過「戰爭將於明年結束」、「日本將戰敗」；但聽說戰爭剛開始時，牠也說過「日本將打贏戰爭」的預言。人們將心底的不安與期待轉為話語，透過件的故事將其傳開。

河童

Kappa

介紹

河童是非常有名的日本妖怪之一，與鬼和天狗齊名。

河童具有多變的樣貌與特徵。

這是因為日本各地的人，將形形色色的水妖怪稱呼為「河童」的關係。

典型河童的身體覆蓋著鱗片、頭上有盤子、背部有龜殼、四肢有蹼。河童喜歡小黃瓜和相撲，牠們會抓住游泳中的孩童的腳，造成孩童溺水。

這個知名妖怪是以什麼樣的動物為原型呢？

真面目

傳說中，人類被拉入水裡後，河童會伸進人的肛門取走尻子玉（※譯註：尻子玉為假想器官，是一種類似寶玉的東西）。

人溺水時，括約肌會鬆弛且肛門開得更大。有人認為這就是河童取走尻子玉的原因。可能是因為古時候經常發生水難，人們將溺斃的結果歸咎於河童以表慰藉。

關於河童頭上有盤子、背上有龜殼的形象由來，其原型來自於水獺和鱉。此外，傳說中對於

水獺

河童的特性描述很跟猿猴很像。

室町時代的文獻有這樣的記載：「水獺衰老變河童。」水獺是鼬鼠的同伴，對周遭抱持警戒時會擺出後腳站立的姿勢。而且牠們有五指、腳上有蹼，跟河童的足跡非常相似。

水獺白天時藏於巢穴中，傍晚從巢穴中出來，噗通一聲跳入水中。只聽見跳水聲而誤以為水獺是河童，其實也無可厚非。

不僅如此，河童手的木乃伊或是河童手部的殘留物，大多都是水獺的手。

很遺憾的是，因為水獺有上好的皮毛而遭人類捕獵，後來又因為河川改建、護岸工程及農業開發而造成水質惡化，日本水獺的數量迅速銳減，如今已全數滅絕。

日本鄉下的河川已經變成不適合水獺棲息的環境。

水虎
Suiko

介紹

「水虎」是一種中國妖怪，河童源自於此妖怪。據說水虎的背部覆蓋著堅硬的鱗片。

水虎跟河童一樣住在水邊，牠們在日本常混為一談，認為水虎是河童的一種。不過，典型的日本河童背上有龜殼，跟水虎的外型大不相同。

那麼，水虎的真實身分是什麼呢？

真面目

水虎擁有堅硬鱗片的傳說是來自中國南部的穿山甲，因為牠們身上有很厚實的裝甲。

一般認為，水虎的真實身分是分布於東南亞的食蟹獼猴。食蟹獼猴擅長游泳，會潛入水中覓食。

雖然螃蟹並非食蟹獼猴的主食，但牠們跟名稱一樣會捕食螃蟹。食蟹獼猴會用石頭敲開螃蟹的殼，像人類一樣剝殼食用。食用螃蟹的行為令人印象深刻，於是取名為「食蟹獼猴」。
居住於中國北部的人不曾見過中國南部和東南亞的生物，所以他們將未知地與未知生物視為一種神祕的謎樣存在，只留下與其有關的傳說。
人們想像的樣貌最後變成幻獸的傳說，並且流傳至日本。

食蟹獼猴

兵主部

Hyosube

介紹

「兵主部」（ひょうすべ）是流傳於九州地區的一種河童。

有一說認為，兵主部是比河童更古老的傳說妖怪。

兵主部長得很像河童，根據文獻記載：「全身長毛，爪長，眼帶血絲，嘴裂至耳際。」

此外，人們認為兵主部是一種會飛的河童。牠們會在秋天成群飛往山上，在飛行時發出叫聲，春天則移至河川生活。

在空中飛翔的河童是什麼呢？

真面目

有人認為兵主部源於「兵部神」，其語源來自「咻唷——咻唷——」（※譯註：兵部神的「兵」，日文讀音為「ひょう」，兵主部的擬聲為「ヒョーヒョー」，兩者發音相同），也是鳥叫聲一般的聲音。

九州人並未明確區分兵主部與河童。由於兵主部是在天上飛的河童，九州人便認為河童是一種會飛的妖怪。

太平洋金斑

話又說回來，成群結隊的飛行行為實在很像鳥類。兵主部的真身就是一種叫做太平洋金斑的候鳥。此外，候鳥青足鷸會在夜晚邊叫邊飛，因此也被認為是兵主部的真身之一。

兵主部的外型很像猴子，這應該也是源自於某種動物吧。

日本的中國地區、四國地區及九州地區稱河童為猿猴。又或者說，猿猴是河童的一種。

這種猿猴的真面目就是生活在中國西南部的長臂猿。兵主部的特徵跟長臂猿十分相似，但日本沒有長臂猿，所以兵主部才被當作河童的同類。

另有一說認為，河童是由芻靈演變而來的妖怪。牠的身體構造是左右兩邊手臂連成一線，伸長右手，左手就會縮短；收縮右手，左上就會變長。

這個關於長臂猿的迷信是來自中國。

水蝹

Kenmun

介紹

「水蝹」（ケンムン）是流傳於奄美群島的一種妖怪。

水蝹棲息於榕樹，牠會用「喔——咿、喔咿」的粗聲叫喚經過樹下的人類。

水蝹長得很像河童，有人將牠視為河童的一種，而且牠跟沖繩樹精的特性很相似，都是住在榕樹裡。

水蝹的真面目是什麼呢？

真面目

水蝹長得非常像河童。

有人認為河童傳說從日本本土流傳而來，進而影響奄美人對水蝹妖怪的想像，並且創造出如今的形象。

一般認為，水蝹的其中一種真實身分就是隆背蛙，其日文名稱是オットンガエル。「オットン」一詞在此地的方言中具有「巨大」的含義，而隆背蛙的體長超過一〇公分，是日本固有種之中體型最大的蛙類。雖然牠們的體型很大，但卻不易尋找。在昏暗的夜晚聽見低沉的鳴叫聲時，感覺被什麼東西叫住了。然而，回頭卻看不見聲音的主人。隆背蛙因此被當作水蝹而流傳下來。

隆背蛙

吹貝小童

kaifuki-bo

介紹

「吹貝小童」（貝吹き坊）是一種只聞其聲、不見其身的妖怪。

他所吹奏的貝類是大法螺。

吹貝小童生活在岡山縣熊山城護城河的水中，他會在深夜吹奏大法螺，發出出「波——波——」的聲音。

這個妖怪的真實身分是什麼呢？

真面目

吹貝小童的真實面貌始終是個謎。

不過，「波——波——」的吹奏聲聽起來很像美洲牛蛙的叫聲，因此有人認為吹貝小童的真面目可能是美洲牛蛙。

大隻的美洲牛蛙體長約十八公分，是棲息於日本的蛙類中體型最大的物種。但美洲牛蛙並非日本的原產物種，而是原產自北美洲。一九一八年（大正七年），日本人以食用為目的，將美洲

美洲牛蛙

牛蛙從美國引進日本。因此，美洲牛蛙在日本的別稱是食用蛙。

業者在日本各地設置養殖場，開始飼養美洲牛蛙，然而食用青蛙的飲食習慣最後並未確立下來。後來，美洲牛蛙從封閉的養殖場逃走，或是遭丟棄後在外面繁殖，變成野生物種。因為如此，日本的美洲牛蛙歷史不長，牠們是所謂的外來種。

然而，據說有些人不會特意設置養殖場，而是以驅除害蟲或農村副業為目的飼養，因此各地出現許多遭放生的美洲牛蛙。

日本沒有任何一種蛙類能發出像美洲牛蛙那樣的叫聲。牛蛙的名稱由來就是取自「哞——」的叫聲，牠們低沉而響亮的聲音被比喻成牛的叫聲。在暗夜中聽見牛蛙聲時，即使知道聲音的主人是誰，還是會感受到不祥的氣息。

目前還不清楚吹貝小童是從何時開始流傳的妖怪。不過，美洲牛蛙確實是很符合吹貝小童特徵的生物。

天狗

Tengu

介紹

「天狗」是人形妖怪，名稱卻寫作天上的狗。「狗」是一種犬科動物。

天狗本來的日文發音為「あまつきつね」，也就是天空的野獸。

由於古代中國認為彗星和流星是在天上飛的野獸，因此將之稱為「天狗」。後來天狗一詞傳入日本。

大約到了鎌倉時代，天狗演變成山伏的形象，與其說像動物，不如說更像人形妖怪。

山伏不遵循佛道，是隱居山林修行的修驗者，因此從佛教的視角來看，山伏顯然是很可疑的存在。

天狗之中有長鼻子配紅臉的鼻高天狗，以及擁有尖尖鳥嘴的烏天狗。鼻高天狗俗稱大天狗，烏天狗又稱小天狗。鼻高天狗的鼻子之所以翹得很高，是為了以高鼻子來表示不遵從佛道的傲慢態度。

那麼，天狗的由來「あまつきつね」又是什麼樣的生物？

真面目

有人認為天狗「あまつきつね」的原型可能是金鵰。天狗是天上的狗，而金鵰的日文漢字寫作「狗鷲」。

說到天狗，我們會想到紅臉配長鼻子的鼻高天狗，這是日本近代創造的天狗形象。天狗最初的形象是烏天狗，而且天狗的外觀被描繪成猛禽類。後來才逐漸被描寫成人的形象。

不過，還有另一種生物也是天狗的原型——白頰鼯鼠。

烏天狗在暗夜中現身，那時處於沒有電力的時代。

在全黑的夜晚飛行，且無法得知其身分的存在，人們稱之為「天狗」。

據說京都的鞍馬山上，每到夜晚就會出現烏天狗在樹木間來回盤旋，年輕的源義經曾向烏天狗學習武術。

在日文中，不知從天上何處落下小石子的現象稱為「天狗礫」；人們認為這是天狗的所作所為。但是，這種小石子有可能是白頰鼯鼠的糞便，與第77頁撒砂婆婆的真面目一樣。

此外，白頰鼯鼠不用翅膀飛行，而是透過皮膜乘風滑翔。起風的時候才是白頰鼯鼠的最佳飛行時機。據說天狗會用葉團扇煽風，而白頰鼯鼠會乘著突如其來的風滑翔，可能因此被認為是天狗引起的風。

根據川道武男撰寫的《白頰鼯鼠》一書，白頰鼯鼠停在樹幹上時，飛膜會產生一股風壓，書中記載道：「風壓的感覺彷彿臉部受到團扇拍擊。」這簡直就像白頰鼯鼠本身會起風一樣。

金鵰

天狗之爪

Tengu-no-tsume

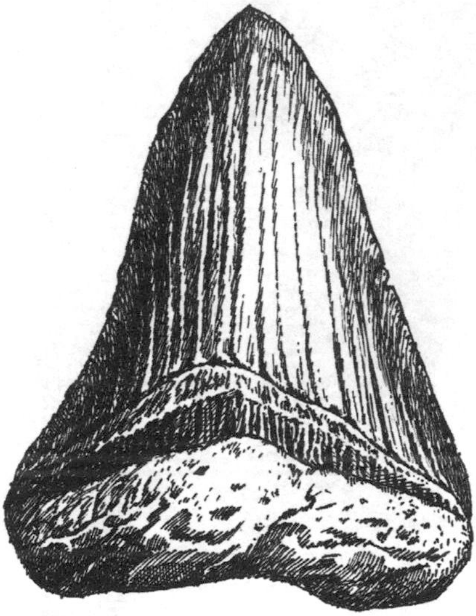

介紹

天狗理應是一種虛構的存在才對。

然而不可思議的是，日本各地流傳著能夠證明天狗存在的「天狗之爪」和「天狗的頭骨」。以真實生物的爪子尺寸來說，天狗之爪確實太得離譜；天狗的骨頭具有長長的鼻子，外觀十分奇特。

該不會，以前真的存在天狗吧？

真面目

日本各地留下的天狗之爪其實是鯊魚牙齒的化石。

許多日本列島是由隆起的海面形成的山岳地帶，因此山裡會出現鯊魚牙齒的化石。鯊魚是軟骨魚，骨頭不易留下，但卻會出現大量的利齒化石。

人們想像不到山中的土壤裡會出現海水魚的牙齒，所以才會認為是住在山裡的天狗所留下的爪子。在深山隱居的天狗，真面目竟然是曾經生活在海裡的生物。

尤其是古代鯊魚巨齒鯊，牠們是體長超過十五公尺的巨型鯊魚。人們會將巨大的鯊魚牙齒化石當作「天狗之爪」。

順帶一提，天狗頭骨的真面目是海豚的頭骨。

巨齒鯊

百百爺

Momon-ji

介紹

「百百爺」是充滿謎團的妖怪。

他的形象不同於其獨特的名稱，據說是人們會在山裡遇見的可怕妖怪。

有人說他會吸人血；也有人說一旦撞見了，就會生病。

百百爺的真實身分到底是什麼？

真面目

日本關東地區的幼童稱呼妖怪為「ももんがぁ」（momonga）。

鼯鼠的日文名稱モモンガ，就是直接取自「ももんがぁ」一詞（※譯註：兩者發音很接近）。

鼯鼠和松鼠是同類動物。牠們跟白頰鼯鼠一樣會在夜裡展開飛膜滑翔，但身形比白頰鼯鼠更嬌小可愛。

夜行性的白頰鼯鼠和鼯鼠會在夜晚行動，因此也被認為是野衾（第80頁）妖怪。有人則認為百百爺是由老野衾幻化而成的妖怪。

雖然鼯鼠被人視為恐怖的妖怪，不過江戶時代曾流行一種叫做「百獸屋」的店鋪（ももんじ屋），這是專提供各種肉食的店家，發音與百百爺「ももんじい」十分相似。

江戶時代採納佛教戒殺生的戒律，因此人們被禁止食用獸肉。但鳥類是被允許食用的肉類。白頰鼯鼠和鼯鼠雖屬於哺乳類，但因為有飛行能力而被當作鳥的同類。百百爺是放大版的白頰鼯鼠和鼯鼠，因此被解釋成一種鳥類。於是，人們假裝捕獵百百爺，私下食用野豬或野鹿等獸肉。百百爺的傳說被人類當作一種方便解釋的藉口。

東方龍

Ryu

介紹

日文有個詞是「龍似九獸」（龍に九似あり）。傳說中，龍的頭似駱駝，角似鹿，眼似鬼，耳似牛，頸似蛇，腹似大蛇，鱗似鯉，爪似鷹，手似虎。

「龍」具有悠久的歷史，中國早在西元前五〇〇〇年的遺跡中發現龍的圖紋。日本彌生時代的土器上也有龍的圖紋。

自古以來，人們深信龍是真實存在的聖獸。

真面目

龍也是十二地支的生肖之一，但為什麼十二生肖動物中，偏偏只有「辰」是虛構的？

只有一種動物是虛構的，這樣實在不合理，因此生肖「辰」也被認為是真實存在的動物。

辰龍的原型動物是一種鱷魚——棲息於中國南部的揚子鱷。由於中國北方沒有鱷魚，所以揚子鱷的故事流傳至北方後，被人們想像成龍的模樣。

揚子鱷雖然是鱷魚卻十分溫馴，牠們以貝類為主食，不會危害人類。西方的龍是會襲擊人類的怪物，東方龍則被視為一種神獸；或許揚子鱷溫馴的特性也能反映在這個說法上。

事實上，龍和揚子鱷有一些共通之處。

龍能透過吼叫聲來呼喚雷雲和暴風雨。其實揚子鱷也會在下雨前發出類似雷聲的聲音。所以人們才會認為龍擁有呼喚雷雨的能力。此外，揚子鱷吼叫時身體往後仰的姿勢會令人想起仰著頭的龍。

「觸怒逆鱗」（逆鱗に触れる）具有惹怒上級的含義，相傳龍身上有八十一塊鱗片，下顎處有一塊逆向生長的鱗片，這個鱗片稱為「逆鱗」。龍不會傷害人類，然而一旦喉嚨根部的逆鱗被觸摸，牠們就會受到激怒並殺掉觸碰鱗片的人。

事實上，當鱷魚被激怒時，牠們會反轉下顎處的臭腺以示威嚇。一般認為，鱷魚的這種行為就是「逆鱗」。

此外，龍具有兩支角，而觀察鱷魚的頭骨後方也會發現類似角的突起物。這個突起與下顎閉

上：揚子鱷　下：古代象化石

合有關，稱為「關節骨後突起」。也許是因為鱷魚的突起特徵，人們才會將牠們聯想成龍。
日本鱷魚學家青木良輔著有《鱷魚與龍》一書，根據書中介紹，「龍」這個字是指豐玉姬鱷，牠們原本分布於古代的中國，約在六〇〇〇年前滅絕。豐玉姬鱷是全長達八公尺的巨鱷，很適合作為龍的原型。有學者推論，真實存在的豐玉姬鱷，可能隨著龍的神格化而被命名為「鱷」。

不僅如此，日本人曾經將令人意外之物認為是龍骨。
前一頁的插圖是在江戶時代發現的龍骨插圖。插圖看起來很像一個長角的龍面向左邊，但其實只要將書本往右傾斜四十五度，就會變成一個前面有突出牙齒、面向右邊的象頭。那些被認為是龍骨的骨骸，其實是曾經生活在古代日本的古代象化石。

西方龍

Dragon

介紹

龍的英文翻譯名是「dragon」。西方龍的形象確實跟東方龍有相似之處，但明顯是不一樣的存在。

日本的龍擁有帶來祝福之雨的靈力，是一種神格化的存在；另一方面，西方龍是惡魔般的存在，牠們會噴火燒毀村莊或是用利爪攻擊人類，顯然是一種怪物。討伐惡龍是英雄故事中不可或缺的元素。

這個怪物的模樣是以哪種生物為原型而誕生的？

真面目

西方和東方有許多相似的傳說故事。這是因為西方傳說流傳到東方，而東方傳說也傳到西方，兩者互相影響而形成相似的故事。東方龍與西方龍的傳說也有類似的部分。不過，東方龍與西方龍的個性卻截然不同。東方人將龍視為神，西方龍則是邪惡的化身。

龍的英文和法文都是dragon，這個詞的語源是拉丁文「draco」，draco在古羅馬具有「大蛇」的含義。

老普林尼撰寫的《博物志》是歐洲第一本專業動物學著作，他也將印度的大蛇稱為「draco」。約在中世紀時，大蛇演變成如今我們想像中具有四足和翅膀，而且會噴火的龍。

如果中國龍的原型是揚子鱷，那麼西方龍的原型或許會是尼羅鱷。

尼羅鱷確實比性情溫馴的揚子鱷更兇暴，相當符合邪惡怪物的形象。

但話又說回來，龍會「噴火」的特徵又是怎麼形成的？

蛇的口中有一種叫做鋤鼻器的輔助嗅覺感覺器官。牠們會以舌頭觸碰空氣並放入口中，藉此感知獵物或敵人的氣味。因此，蛇會頻繁地吐出長長的舌頭。而分岔的舌尖是為了將空氣放入嘴裡。

雖然蛇吐舌頭的樣子看起來不像火焰，但蛇吐舌頭的插圖卻很像噴火的樣子。如果是蛇的石版或石像，那又更像火焰了。

除此之外，眼鏡蛇也被認為是西方龍傳說中的原型動物。

相傳龍的巢穴藏有金銀財寶，而印度王族曾為了保護財產而飼養具有猛毒的眼鏡蛇。或許，這就是龍守護財寶的傳說由來。而且唾蛇的分布範圍廣泛，亞洲到非洲都有牠們的蹤跡，噴毒的模樣就像在噴火。眼鏡蛇的這些特性，應該就是西方龍傳說的起源。

自從人們開始想像龍的形象以後，雖然不曾有人親眼見過龍，但他們會將見到的各種生物稱為「龍的孩子」。

有一種蜥蜴在十六世紀的爪哇島遭人捕獵，由於標本實在太像龍，於是人們認為牠是龍的孩子，並命名學名為「Draco volans」（一般也稱為飛龍「common flying dragon」）。

這種蜥蜴是飛蜥的同類，牠們會展開翅膀般的薄膜，從一棵樹滑翔到另一棵樹上。

事實上，印度的印度飛蜥在當地稱作「draco」。如果人們將印度飛蜥當作幼體而非成體的話，也許就會想像牠們變成大龍的模樣。

說不定龍具有翅膀的形象就是來自於印度飛蜥。

還有其他生物也被認為是龍的孩子。

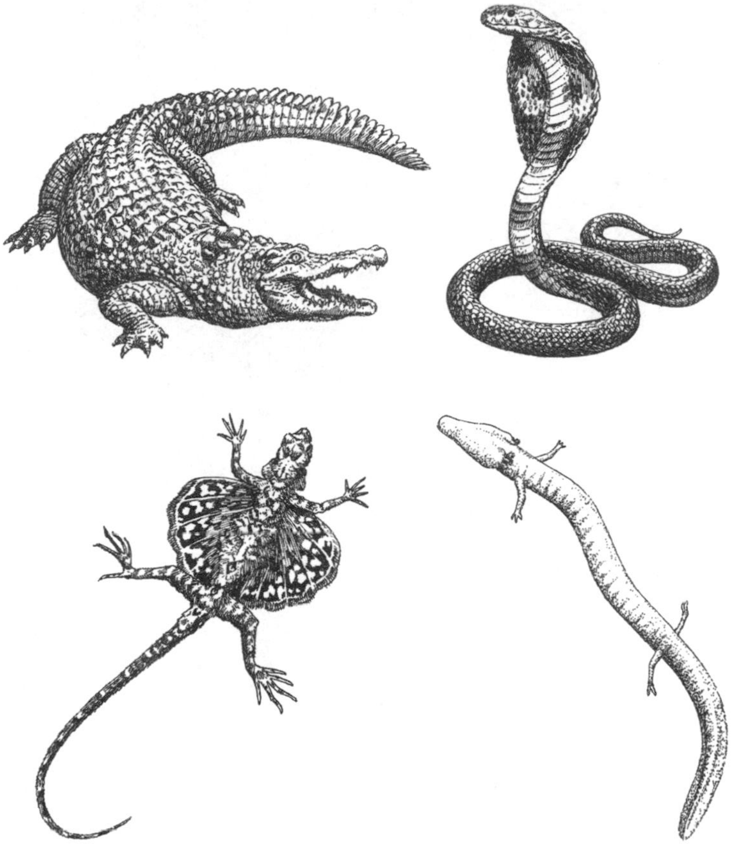

上左：尼羅鱷　上右：眼鏡蛇

下左：印度飛蜥　下右：洞螈

在斯洛伐克的傳說中，龍是生活在地底深處的怪物。於是有人將洞窟深處發現的動物稱為「龍寶寶」。這種生物就是洞螈。洞螈在洞窟裡棲息，牠們會在水中透過腮呼吸。洞螈的鰓看起來很像翅膀。

除此之外，約在十六世紀時，開始出現亞洲東邊有西方龍的傳聞。直至二十世紀，人類在亞洲東部的科摩多島發現一種巨大的巨蜥，巨蜥被認為是龍的孩子，在當時引起轟動。後來，這種巨蜥被命名為科摩多龍。

科摩多龍跟蛇一樣會吐舌頭。牠們吐舌頭的模樣有可能讓人聯想到會噴火的龍。

獅鷲
Griffon

介紹

獅鷲是外型很奇特的怪物。

牠們擁有最強鳥類鵰的上半身及翅膀，下半身則是萬獸之王獅子的身體。

由於鳥類的前肢是翅膀，所以若以動物的角度來看，擁有翅膀和四肢的獅鷲就是六隻腳生物。

如此奇妙的怪物真的存在嗎？

真面目

獅鷲的真實身分目前尚未明確。

不如說，最強鳥類鵰和萬獸之王獅子的外型組合，反而會讓人想到典型的「虛構動物」。

不過，有人認為即便是獅鷲，也有可能是以某種動物為原型創造出來的。牠的原型就是——

原角龍。

原角龍是白堊紀的恐龍，跟三角龍屬於同類。但原角龍是原始種，因此沒有類似三角龍那樣氣派的角，牠們是體型較小的恐龍，體長約二公尺。

原角龍

不過，觀察原角龍的化石後，人們發現牠們的特徵是如鵰一般彎曲的鳥嘴。有尖嘴的頭骨簡直就像鵰的頭，而且身體具有類似獅子的四隻腳。

原角龍是白堊紀的恐龍，早在很久以前便已全數滅絕。但發現原角龍化石的人肯定以為那是怪物的骨頭。

如果換作是你要將如此奇妙之物告訴眾人時，你會怎麼解釋？

「牠的頭很像鵰，身體像獅子（體型跟獅子差不多）。」你會不會這樣說明？

在歐洲的傳說中，獅鷲大多被視為東方的怪物。而現代人已在蒙古的戈壁沙漠發現原角龍的化石。戈壁沙漠是絲路行經地，絲綢之路是從前東西交流的貿易通道。

因此，古代人有可能在絲路上看到或聽到有關化石的事，再憑想像力創造出獅鷲的傳說。

獨角獸

Unicorn

介紹

「獨角獸」是具有一根長長的角、外觀像馬的幻獸。

在日文中，獨角獸又稱作「一角獸」。

據說獨角獸跑得比任何動物都還快，而且性情十分兇猛。

牠們雖然不與人類親近，但在處女的懷裡時會變溫馴。

這就是關於獨角獸的傳說。

真面目

在西元以前，流傳於歐洲的獨角獸傳說中出現這樣的記載：

「印度有一種野生的驢，體型跟馬差不多大，或者比馬更大。這種動物的額頭上有一根長約四十五公分的角。」（古希臘的歷史學家阿里安所著《印度記》）

《印度記》書中還有其他描述：

「這種動物非常強而有力，跑得飛快，包含馬在內的所有動物都追不上。剛起步時跑得不快，但步伐隨著時間拉長而驚人提高，速度變得愈來愈快。」

一般認為，這種生長在印度的動物是印度犀。

非洲的白犀或黑犀有兩根角，而印度的印度犀只有一根角。

犀牛的體型比較大，可能會給人一種行動遲緩的印象，但其實犀牛的時速可以達到五十公里，跟鬣狗的速度差不多快。雖然跟經過改良的純種馬相比，犀牛還是跑得比較慢，但應該不會輸給農業專用的農用馬。

關於獨角獸的形象，羅馬博物學家老普林尼曾描述：

「獨角獸是印度最兇猛的動物。獨角獸似馬，頭似雄鹿，腳似象，尾似野豬，吼叫聲低沉。額頭中央有根凸出的黑角。」

根據這樣形容來看，獨角獸簡直跟犀牛如出一轍，外觀反而不像苗條的白馬。

舊約聖經也有關於獨角獸的描述。

舊約聖經《約伯記》出現過「戴著馬具、拉著犁的獨角動物」的記載。

任何人聽到某種動物需要安裝馬具時，應該都會將牠們想像成跟馬很像的動物。人類自古以來都會捕捉各式各樣的動物，並且嘗試馴養牠們。強而有力的犀牛也有可能曾被人類飼養並套上馬具。只不過，若要將野生動物培養成家畜，在飼養上、繁殖上都必須符合各種條件才行。因此，犀牛沒能成為馬或牛這樣的家畜。

到了中世紀，人們逐漸將這個古代傳說的生物想像成神祕的神獸。

古代相傳獨角獸的角是可以治百病的良藥。尤其可以作為強效的解毒劑使用。事實上，如今依然有人會使用「犀角」製作的中藥材，有許多犀牛因此遭到濫捕。

雖然現代已禁止犀角的進出口貿易，犀牛成為保育對象，然而祕密獵捕犀牛的事件仍然層出不窮。

但是，犀牛角實在不像一般想像中的獨角獸角，中世紀的歐洲人於是將獨角鯨的角當作獨角獸角來銷售。

獨角鯨是生長在北極圈的小型鯨魚，具有一根長長的角。人類至今仍不清楚長角的功用為何，獨角鯨是很神祕的生物。

獨角鯨的角呈現細長螺旋狀，所以有些人在畫作中描繪獨角獸時，會將獨角獸角畫成跟獨角鯨一樣的螺旋狀長角。

上：犀牛　下：獨角鯨

麒麟

Qilin

介紹

「龍」、「麒麟」、「鳳凰」在中國被稱為靈獸。
關於獨角生物的傳說在世界各地流傳，而麒麟跟獨角獸一樣有一根角。
據說麒麟是只會在太平盛世之時現身的瑞獸。

真面目

長久以來都有人認為麒麟不是虛構的，而是真實存在的生物。
因此，東漢時期的文人王充認為「麒麟有可能是獐的變種」，並且展開調查。他曾將麒麟當作真實生物進行分析。不過，人們普遍相信麒麟是一種靈獸。
王充所說的獐是鹿科動物，獐正如其別名「牙獐」具有外露的牙齒。
獐的頭骨看起來確實很像麒麟。

現在只要在日本提到麒麟，任何人都會想起動物園裡脖子長長的長頸鹿（※譯註：長頸鹿的日文就是麒麟）。

中國約在明代時，人們逐漸知道長頸鹿的存在，於是便以古老傳說中的「麒麟」文字來表示長頸鹿。後來，鄭和下西洋時便將長頸鹿作為聖獸「麒麟」獻給明成祖。

日文「キリン」所代表的動物，其中文稱作「長頸鹿」，意思是指長脖子的鹿。

日本之所以將長頸鹿稱為中國古老的「麒麟」，其實與某個故事有關。

在明治時代，東京上野動物園希望引進長頸鹿，卻因為太貴而買不起。於是，園方以這種動物是聖獸「麒麟」作為宣傳，獲得足夠預算後，成功引進長頸鹿。這隻來到上野動物園的長頸鹿，就是日本擁有的第一隻長頸鹿。從此以後，日本人便將這種長脖子的動物稱為麒麟。

正如先前介紹的獨角獸原型動物，一般認為印度是獨角生物傳說的起源地。麒麟的原型可能也是獨角的印度犀。

有人指出，傳說故事在東西交流的過程中被加油添醋，人們在遠方異國故事中加入多層次的想像，進而加深了幻想成分。

比如歐洲的獨角生物傳說傳到中國後，變成更不可思議的故事。
而中國的獨角生物傳說傳到歐洲之後，也變得更加神奇。
遠方異國的故事總是帶有一股神祕感。傳說故事在東西往來的過程中，逐漸增加奇幻的色彩。

獐

順帶一提，有人認為麒麟的「臉似龍，擁有牛尾與馬蹄」。

有許多傳說生物被人們形容成這類合成獸。

獾㹢狓是二十世紀新發現的動物，屬於長頸鹿的同類。發現獾㹢狓的人這樣解釋道：

「頭如長頸鹿，身體如驢，腿如斑馬。」

人在解釋某種未知之物時，不論古今中外都只能用已知之物加以比喻。

貘

Baku

介紹

「貘」是一種趁人睡覺時吃掉夢境的妖怪。

據說牠的「體如熊，鼻如象，眼如犀，尾如牛，腿如虎」，外觀十分奇特。根據某個傳說的描述，貘是神創造各種生物後，以多餘的元素組成的生物。貘確實是符合這種說法的神奇幻獸。

真面目

次頁插圖所畫的動物是——馬來貘。

假如遇到一個不認識這種動物的人，你會怎麼向他說明？又或者，當你想請某個人畫這種動物時，該怎麼向對方解釋？

鼻子像什麼、眼睛像什麼、尾巴像什麼……你可能會以這樣的方式向對方說明。畢竟這是我們想得到的唯一方法。

事實上，中國古代文獻對於這種動物的解釋是這樣的：

「象鼻犀目，牛尾虎足，全身似熊……」

之後還出現過「黑白駁」（具有黑白毛色）的描述。

馬來貘

這簡直就是擁有黑白毛色的馬來貘特徵。

不過，有許多動物都具有黑白毛色。由夜行性祖先進化而來的哺乳類動物，大多不具有辨識色彩的能力。因此，森林或草木中的獵食者很難發現體色是亮白色和暗黑色的動物。

此外，相傳貘的腰部之所以是白色，是因為釋迦摩尼佛曾經乘坐過的緣故。

現實中的貘是草食性動物，牠們並不會做出食夢這類的事。

話雖如此，馬來貘真是愈看愈奇特的生物。

據說貘曾棲息於古代中國，但後來滅絕了，在不知不覺間變成傳說生物。還有一說認為牠跟麒麟一樣，由於馬來貘長得很像傳說中的生物，所以才會名稱中加上「貘」字。

西方人魚

Mermaids of the West

介紹

自古以來，「人魚」傳說便在世界各地廣為流傳。

歐洲對人魚的外型描述是——上半身是人，下半身是魚。其中為人熟知的「美人魚」（Mermaid）是年輕的女性人魚。

德國著名的羅蕾萊傳說中，名叫羅蕾萊的人魚會以美麗的歌聲對著行經萊茵河的船隻歌唱。聽見歌聲的人沉醉在美妙的聲音中，結果船舵操作失誤而造成翻船。

舉凡安徒生童話的「人魚公主」故事，以及改編自該童話的迪士尼動畫電影《小美人魚》，人魚在現代依然是十分受歡迎的存在。

真面目

從古至今關於上半身是人、下半身是魚的人魚傳說，從神話時代便開始在全世界流傳。

一般認為，人魚的原型是海豹之類的海獸類動物。海豹的臉確實跟人類有些相似之處。以前的人相信陸上有人類，而海中有人魚的世界。於是，人們認為海上發生的船難失事是人魚造成的事件。人魚在人類對大海的恐懼之中就此誕生。

儒艮

隨著時代的變遷，對於「人魚是否真實存在」的疑問逐漸浮現。然而，大航海時代之後有許多人出海探索未知的大海，他們開始相信，世界上的某片海洋存在著未知的生物和怪物。後來，水手紛紛講述世界各地的所見所聞，他們誇大其詞、四處宣揚，故事因此被傳開來了。

許多人相信人魚真的存在於世界的某個海洋中，於是開始尋找人魚的身影。有人在過程中看見了儒艮，不曉得是真的信以為真了，還是刻意將故事誇大，總之他們聲稱自己「發現了人魚」。

後來，儒艮的身姿變形成美麗的人魚，並且流傳於世。這就是人魚的真面目。

在水族館一睹儒艮，卻發現長得與人魚大不相同。最主要是因為以前的水手沒辦法像我們一樣，得以在水族館近距離地觀察儒艮，所以他們才會將模糊不清的儒艮形象誤以為是人魚，如此也就不以為奇了。

除此之外，儒艮的背部具有感覺毛（日文稱為「血洞毛」），顏色看起來很深。再加上儒艮的乳頭在鰭的側邊，跟人類乳頭的位置很相近，牠們會抱著孩子哺乳。儒艮哺乳的模樣被人聯想成女性人魚。

白鯨也是長得很像人魚的動物。

白鯨的身形又長又苗條，確實會令人想起人魚的樣子。此外，白鯨的側腹部有贅肉，這裡的贅肉具有保持穩定，避免身體轉動的功能。這種贅肉看起來簡直就像剛長出來的人腿一樣。

日本人魚
Japanese Mermaids

介紹

一提到「人魚」，我們腦中通常會浮現歐洲人魚的形象，也就是上半身是人、下半身是魚的模樣。日本江戶時代以後，歐洲的人魚傳說流傳至日本，但其實日本從前也有人魚的傳說。只不過，日本的人魚是長著一張人臉的魚，外觀比較類似人面魚或半魚人。

據說日本的人魚具有白皮膚和一頭紅髮。

傳說中，牠是會詛咒人類的可怕怪物，也是告知吉兆的存在。此外，據說只要吃了人魚肉，就能獲得長生不老的能力，並且活到三千歲。真是不可思議的生物。

真面目

一般認為，日本人魚的原型是一種叫做「皇帶魚」的魚類。皇帶魚的日文名稱是リュウグウノツカイ，意思是「龍宮使者」。

皇帶魚的身形很細長，體型可大至十公尺以上。

由於皇帶魚棲息於深海中，人類少有機會見到牠們的蹤跡。牠們現在依然是稀有的存在，只要一現身就會成為新聞話題。

皇帶魚具有鬃毛般的紅色背鰭，身體直立游泳，外觀看起來像頭髮飄動的人魚正在悠游。因為這樣的外型，人們認為日本人魚的真身就是皇帶魚。

早在《日本書紀》中，就已出現過有關人魚的記載。

二十七年夏四月己亥朔壬寅，近江國言：「於蒲生河有物，其形如人。」秋七月，攝津國有漁父，沉罟於堀江。有物入罟，其形如兒。非魚非人，不知所名。

也就是說，夏季時，漁夫曾在滋賀縣蒲生川捕獲類似人形的生物；秋季時，有人在攝津國（今大阪府北部及中部、兵庫縣東南部）的人造河中發現非魚又非人的生物。這兩種未知之物都發現於河川中，因此日本博物學家荒俣宏指出牠們可能是日本大鯢。不管怎麼說，一年能二度發現人魚都是很不得了的事。

到了現代也是，人面魚掀起一陣話題，各地相繼出現目擊情報；當發生蚪蚪從天而降的奇特現象時，也會持續出現類似的現象。

說不定，這一年發生的情況就是因人魚而起。

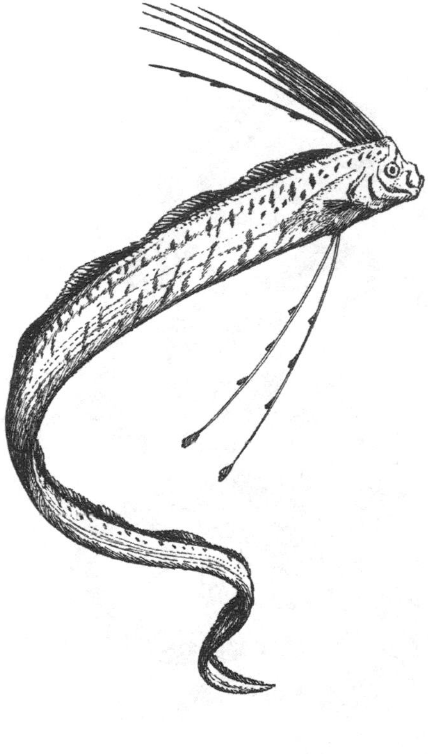

皇帶魚

克拉肯

Kraken

介紹

「克拉肯」是出沒於挪威到愛爾蘭近海的北歐怪物，外觀類似巨大的章魚或烏賊。

十八世紀博物學家林奈是建立生物分類法基礎的學者，他將克拉肯分類至頭足類動物，屬於章魚和烏賊的同類。連科學界也認為克拉肯是一種真實生物。

真面目

這片大海中，還存在著許多我們不知道的生物。

生在海裡的大王烏賊是體長超過二〇公尺的動物。直到二十一世紀以後才有人拍到活大王烏賊的影像，牠們是充滿謎團的一種生物。因此，一般認為即使曾經存在三〇公尺以上的個體也不足為奇。

除了大王烏賊以外，世上還有其他巨型烏賊。南極中爪魷的體長雖不到二〇公尺，但排除足部的胴體部分卻比大王烏賊大很多。人類目擊南極中爪魷的案例很少，所以就算有超過二〇公尺的個體也是什麼稀奇事；目前已發現巨大的南極中爪魷幼體，因此有人指出，成體很有可能比大王烏賊還龐大。

據說，克拉肯巨大的眼睛會散發閃爍的光芒。

大王烏賊和南極中爪魷擁有超過三〇公分的大眼珠。水手在船上看到如此巨大的眼睛應該會非常害怕吧。

有人認為大王烏賊之類的大型烏賊就是克拉肯的真實身分。

但其實並非如此。

如此龐大的烏賊依然有天敵存在，畢竟大海十分遼闊。

以巨型烏賊為食的動物是抹香鯨，然而獵食巨大的烏賊並非易事。人類曾在抹香鯨身上發現疑似烏賊鉤爪留下的傷痕。抹香鯨雖然會獵食巨型烏賊，但體型最大只有二〇公尺左右，跟巨大的烏賊比起來其實並不大。而且，烏賊遭到獵食時還會極力抵抗。

據說克拉肯會引起巨大的海浪聲，並將水手拖入海底。除此之外，牠還會噴出蒸氣和水。

這樣的描述很容易令人想起抹香鯨。大王烏賊和抹香鯨互相糾纏打鬥的模樣，肯定會被認為是一種不知名的怪物。假如人類真的曾經捲入巨大生物之間的鬥爭，那以前的船隻應該完全無法招架才對。

這就是克拉肯的真實身分，挪威海怪傳說的由來。

大王烏賊

大海蛇

Sea Serpent

介紹

有一種海怪叫做——大海蛇。

從很久以前開始便代代流傳著關於牠的神話傳說。

在大航海時代，西方人紛紛出航前往世界各地的大海，他們經常行經未知海域或遇上危險的怪物。航海簡直是一件賭上性命的事。

有許多人認為大海蛇就是一種巨大的海蛇。

據說在一八七五年，英國帆船波林號的一名船員看見一隻抹香鯨被大海蛇般的生物纏住。後來這隻海蛇般的生物將抹香鯨拖入水中。

真面目

目前已有許多大海蛇的目擊案例。

比如說，有目擊者描述牠的外觀是一隻巨大的海蛇。
也有人說牠會噴出海水，或是身上長著瘤狀物。有人說牠身上有鬃毛，也有人認為頭部像馬。
總而言之，人類在大海中看見的未知生物就是大海蛇。
要在船上清楚捕捉海中生物的模樣，本來就是一件困難的事。日本的鳴門漩渦也是一樣的，雖然人在橋上看得見漩渦，但站在船上近距離觀看，卻只能看到激湧的海水，很難看出漩渦的形狀。
有些人認為大海蛇的真實身分可能是未知的巨大魚類或爬蟲類。也有人認為是恐龍時代留下的海龜、滄龍，或是已滅絕的鯨魚祖先——龍王鯨。又或者，其實是殘存的古代巨齒鯊或古代哺乳類大海牛。
充滿神祕色彩的大海，當然有可能存在未知的生物。
不過，這裡將從已知生物遭人類誤認的可能性開始探究。
從噴出海水的特徵來看，實在很像鯨魚的行為。事實上，像是布氏鯨這種中型鯨魚的身形比較細長，因此從船上看起來應該很像大海蛇。

鯨魚會從水面探頭，目的是為了觀察周遭的情況，這個行為稱作「浮窺」（Spyhopping）。而且牠們還會在水面上露出巨大的鰭，看起來確實很像蛇的頭。

此外，大海蛇身上的瘤狀物有可能是海豹之類的海獸群。

鬃毛特徵則令人想起第177頁介紹的人魚真身——深海的皇帶魚。

那麼，在開頭介紹的目擊事件中，波林號船員所見到的生物又是什麼呢？

牠的真面目跟克拉肯一樣，都是大王烏賊。

也許事情的真相是船員看見抹香鯨和大王烏賊在海上大打出手的場面。像蛇的生物其實是大王烏賊的腳；不是抹香鯨被大海蛇拖下水，而是抹香鯨為了獵食大王烏賊而將其拖入海中。

大海蛇之子

Child of the Sea Serpent

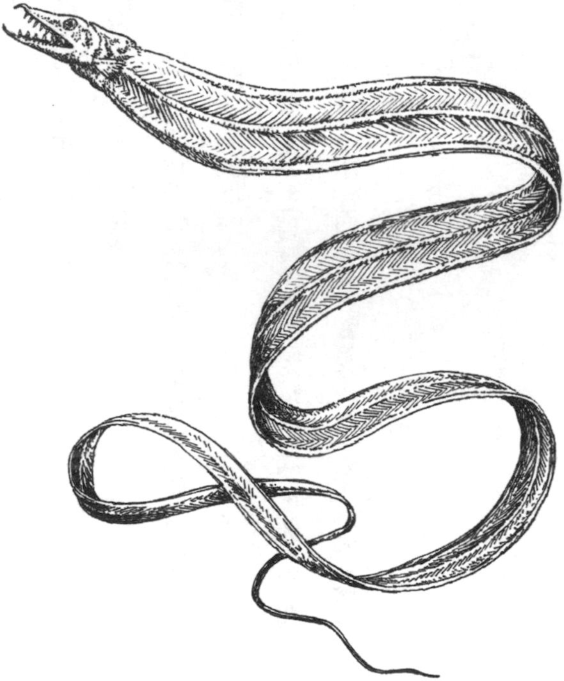

介紹

一九三〇年，有人在聖赫勒拿島近海捕獲長達一・八公尺的巨大柳葉鰻。這則新聞真令人吃驚。

柳葉鰻擁有透明的身體，是鰻魚之類的魚幼體。

小魚從魚卵孵化時看起來很像浮游生物，之後就會長成柳葉鰻。如果是鰻魚幼體的生長情況，柳葉鰻會繼續成長至幼鰻的型態。幼鰻體長僅五～六公分，而柳葉鰻是比幼鰻還早的階段，在魚類的成長過程中屬於非常初期的階段。

柳葉鰻長到鰻魚的尺寸時，大約會變大十八倍。

人類捕獲的巨大柳葉鰻是一・八公尺，直接放大十八倍的話，全長會超過三〇公尺。這表示應該有非常龐大的成魚生活在這片遼闊的大海中。

假如世上真的有三〇公尺以上的巨大鰻魚，那水手自古以來所畏懼的大海蛇，其真實身分不就是牠了嗎？

真面目

長久以來，這個巨大柳葉鰻的真實身分始終不明。

不過，距離人類發現巨型柳葉鰻的三十年後，一九六〇年代有了新發現。

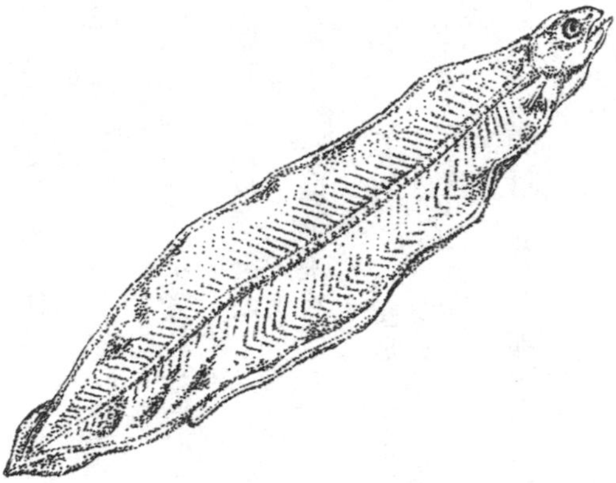

柳葉鰻

當時有人發現一隻變態中的巨大柳葉鰻。學者開始研究該個體，結果顯示巨型柳葉鰻有可能是背棘魚目之下，某種魚類的幼體。

鰻魚屬於鰻鱺目動物，牠們從幼生柳葉鰻變成成魚的過程中，體型會變大非常多。但是，鰻鱺目的魚類在柳葉鰻期就會長到成體的大小，之後幾乎不會再變大。

因此我們可以得知，巨型柳葉鰻並不會長成更大的鰻魚，牠們只會維持在同樣的大小。

後來有研究顯示，柳葉鰻期的魚類中也包含海鰱目，所以從前發現的巨大柳葉鰻，其實是隸屬於海鰱總目的一種魚。

大鵬

Roc

介紹

巨鳥「大鵬」的故事曾出現在《一千零一夜》裡。

傳說中，水手辛巴達曾經單獨留在某個無人島上。

他在島上發現一座「高聳入雲、周長不見盡頭的白色大寺院」。過不久，有一大片雲朵擋住太陽，辛巴達抬頭一看才發現自己將「一隻大鳥」誤認成雲。而且，那座看起來像白色大寺院的地方，竟然是一顆巨大的鳥蛋。

後來辛巴達將自己的身體綁在巨鳥的腳上，成功逃離了巨鳥。

除此之外，在馬可波羅撰寫的《東方異聞錄》也有關於大鵬的記載。相傳印度洋的摩古達索（Mogedaxo）島上有一種巨大的鳥，牠們甚至可以抓著大象在空中盤旋。這種鳥就是傳說中的大鵬。大鵬的幼雛鳥以大象為食，所以親鳥才會將大象抓到鳥巢。

這種鳥到底是否真實存在呢？

大鵬的原型動物候補之一是山地鷹鵰的同類，牠們是已絕跡於馬達加斯加的鳥。據說這種鳥的體型大約能夠吃下一隻狐猴。這種跟山地鷹鵰同類的鳥，在人類開始定居馬達加斯加之前，也就是西元一〇〇〇年以前就滅絕了。

古代確實存在巨大的鳥類，比如棲息於紐西蘭南部的哈斯特鷹，就是展翅可達二・五公尺的大鵰。有一種已滅絕的紐西蘭巨型鳥叫做恐鳥，而哈斯特鷹竟然可以捕獲巨恐鳥的幼鳥或小型種的恐鳥，真是不得了。然而，隨著作為餌食的恐鳥滅絕，哈斯特鷹約在五百年前絕跡。

前面提及的鳥類雖然都很龐大，但牠們並沒有大到能夠捕獵大象的程度。

既然如此，將大象抓上天的巨鳥傳說又是怎麼來的呢？

對於那些看不清真面目的事物，人類總會放大自己的想像力。

日文有句諺語是「漏網之魚最大尾」（※譯註：逃した魚は大きい，意思是未到手的事物往往最好），我們往往認為釣不到的魚比想像中還大。看見魚的影子後，我們遲早會認為那應該是一隻大魚。

人的想像力就是這麼一回事。

從前的水手遊歷各式各樣的地方，他們觀察珍奇之物、聽聞稀奇之事，在酒館互相吹牛。想

隆鳥

當然耳，水手紛紛把故事講得滑稽有趣、天花亂墜。

水手在目的地上看到了巨大的蛋。據說當地人將這種巨蛋當作水罐使用。

看見這個巨蛋的水手會想像出什麼樣的鳥呢？

《一千零一夜》所提及的白色大寺院就是巨大的鳥蛋。雖然巨蛋的實際尺寸不像故事描述的那麼大，但長度有三〇公分以上。鴕鳥是世上最大的鳥類，鴕鳥蛋的高度約為十七公分，而這種巨蛋幾乎比鴕鳥蛋大兩倍。

巨蛋甚至重達鴕鳥蛋的八倍，尺寸大約是雞蛋的兩百倍。

這顆蛋主人是Aepyornis maximus，以下稱之為隆鳥（Aepyornis）。

隆鳥是曾經存在於馬達加斯加島的巨型鳥類。馬可波羅曾記載摩古達索島是印度洋上的一座島，摩古達索島就是如今的馬達加斯加島。

不過，隆鳥跟鴕鳥一樣飛不起來。

據說牠們生存至十七世紀，之後便從此絕跡。歐洲人頻繁前往馬達加斯加島的時期，隆鳥已經全數滅絕；不過另有一說認為，牠們直到十九世紀以前都還存在於世上。土器或水罐是跨時代的器具，日本從很久以前便一直使用；因此，或許在隆鳥滅絕之後，人們也會繼續使用隆鳥蛋製成的水罐。

隆鳥是非常龐大的鳥，身高約三～三・五公尺。鴕鳥是現今陸地上最大的鳥類，身高約二～二・五公尺，隆鳥的體型比鴕鳥還要大。

不過，隆鳥巨大的蛋更是不得了。

事實上，隆鳥在馬達加斯加這種島嶼上的天敵很少，牠們會節省能量以保護自身安全，因此可以將能量分到鳥蛋上。這就是隆鳥能產下巨大鳥蛋的原因。在同一個島嶼的環境條件下，紐西蘭奇異鳥的體型跟家雞差不多，卻可以產下身體一半大的鳥蛋。隆鳥也是這樣，跟鴕鳥之類的鳥類比起來，牠們能夠產下相對於身體比例而言更大的蛋。

巨大的鳥可以產下相對於身體比例而言更大的蛋，所以才會出現讓水手驚奇不已的巨大鳥蛋。

隆鳥的英文是「Elephant bird」（象鳥）。意思是很像大象的大鳥。

象鳥的名稱可能是由阿拉伯商人口耳相傳而來。後來，在不知不覺間演變成會抓著大象飛行的鳥。

曾介紹日本為黃金之國、遊歷多方的馬可波羅也在遊記中記載，元朝皇帝忽必烈曾派侍從前往馬達加斯加，下令取回比鴕鳥蛋大好幾倍的鳥蛋，以及一・八公尺長的羽毛。

忽必烈想要得到的蛋，就是隆鳥的鳥蛋。不過，因為隆鳥不會飛，一・八公尺的羽毛實在太大了。有人認為那其實不是羽毛，而是馬達加斯加的棕櫚葉。

髮切怪

Kamikiri

介紹

事情發生在日本江戶時代。

民間相繼發生綁髮女性的頭髮在不知不覺間被剪掉的詭異事件。女性會在夜間走路時，或是在睡覺時突然被剪斷頭髮。不管怎麼說，那都是一個女性視髮如命的年代。

受害者看不見犯人的樣貌或身形。有人認為這是狐狸或狸貓做的好事，但真實身分卻始終不明。

人們在不經意間將矛頭指向一種叫做「天牛」的昆蟲，並且以訛傳訛。

真面目

剪髮是充滿謎團的事件。有人認為是變態搞的鬼，有人認為是受害者自導自演，或者是販賣假髮和護符的人為了增加銷售而策劃的事件。坊間出現各種謠言，真相尚未明確。身分不明的事物總會令人感到不舒服。

為了理解那些不知起因為何的事情，人們會將妖怪當作壞人，認為是天狗或河童的所作所為。於是人們聲稱事件的罪魁禍首是「髮切怪」，並且接受這種說法。

天牛

後來，人們讓下顎銳利到能夠剪斷頭髮的昆蟲背黑鍋，認為髮切怪的真面目肯定是牠。這種昆蟲就是——天牛。

天牛的日文漢字不是「紙切り虫」（剪紙蟲）或「噛み切り虫」（咬嚙蟲），而是應該寫作「髮切り虫」（剪髮蟲）。

天牛被迫背上剪髮事件的莫須有罪名，但想當然耳，天牛並不會隨便剪斷人類的頭髮。

天牛具有銳利的下顎，其功能是用來咬碎並食用樹皮。

牠們用強韌的下顎在樹上咬出傷痕後，樹汁便會流出來。這儼然成了昆蟲的餐廳，各式各樣的昆蟲為了吸取樹汁而來到此處。小朋友很喜歡的獨角仙和鍬形蟲就是以樹汁為食，不過牠們再怎麼努力都沒辦法在樹上咬出食痕。這些昆蟲為了在雜木林間生存下去，天牛是必不可少的存在。

雖然天牛不會剪人的頭髮，但人類卻想像牠們銳利的下顎可以剪斷頭髮。

於菊蟲

Okiku-mushi

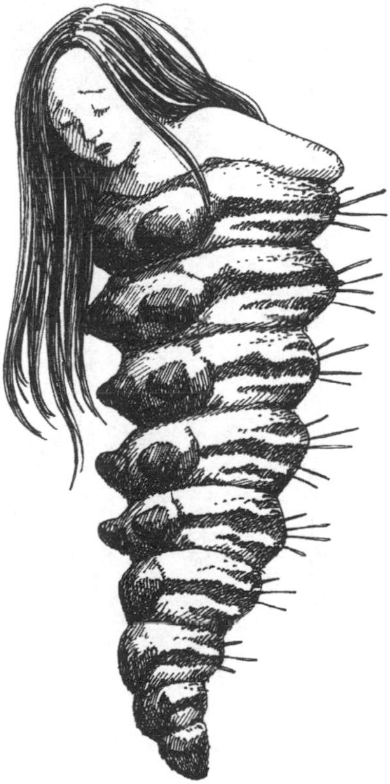

介紹

「皿屋敷」是很知名的日本怪談。

故事描述一名叫做彈四郎的人，他的家主擁有十個珍貴的盤子，彈四郎將其中一個盤子藏起來，並且嫁禍給名叫阿菊的女性。

據說阿菊曾打探宅邸的情況，也有人說彈四郎曾經著迷於阿菊。

後來，阿菊被人綁在宅邸的松木上接受拷打，慘遭殺害後被投入水井中。

過了不就，夜夜都能聽見井底傳出「一個、兩個、三個……」數盤子的不祥之聲。

然而，故事並未就此結束。

事件經過三百年後，水井裡出現大量的蟲，蟲的外觀是手被往後綁的人類模樣。這種蟲就是——於菊蟲（お菊虫）。

有人認為那些曾經帶給人類災禍的害蟲之所以出現，是因為怨念所致。

比如山梨縣有一種叫做平四郎蟲的蟲。以前曾經發生土藏（※譯註：土藏是一種日本傳統倉庫建築樣式）裡的寶物遭人盜取的事件，後來發現土藏裡開著一個小洞，但沒人知道盜取者是怎麼鑽進去的。平四郎是個足智多謀的人，看了洞口便說道：「這樣就能進去。」他拿起草蓆靠在洞口，身體便順利地滑進土藏裡。結果，有辦法潛入土藏的平四郎就這樣被認定為犯人，他背負冤罪並遭判死刑。平四郎死後，屍體散發的惡臭引來害蟲，造成農作物枯萎。人們認為這種蟲是平四郎的怨靈，感到十分害怕。

平四郎蟲的真面目就是農作物的害蟲——椿象。

另外，福井縣有一種叫做善德蟲的蟲。據說善德蟲是某個僧侶的靈體，僧侶因奪人錢財而遭到殺害。善德蟲是水稻的害蟲——黑椿象。

而於菊蟲被認為是阿菊怨靈，別稱是常元蟲。

曾經有個作惡多端的浪人，浪人悔改後成為一名僧侶，名叫常元。然而，他卻因為過去的惡行而遭到逮捕，手被往後綁在樹上，最後遭斬首而亡。不久後，埋葬遺體的樹下出現奇妙的蟲類，也就是常元蟲。

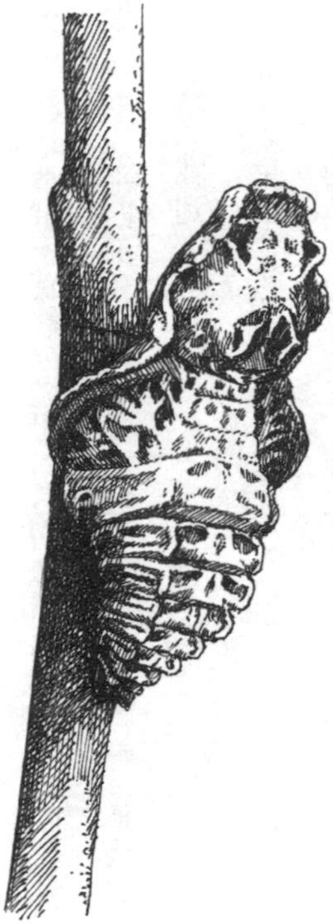

麝鳳蝶的蛹

於菊蟲和常元蟲的真面目其實是麝鳳蝶的蛹。麝鳳蝶會用蟲絲固定蟲蛹，看起來很像手被往後綁的人。所以人們才會認為牠們是人的怨靈，且在手被束縛的狀態下遭到殺害。

昆蟲會根據氣候條件而在某年大量出現。

事實上，江戶時代寬政七年（一七九五年）曾經大量出現麝鳳蝶的蛹。人們可能由這件事衍伸出各式各樣的故事。

阿菊被丟入水井的事件發生在姫路城。直到戰前，麝鳳蝶的蛹都被當作姫路城的紀念品銷售，連人類的怨念都能變成生意。

恙蟲

Tsutsugamushi

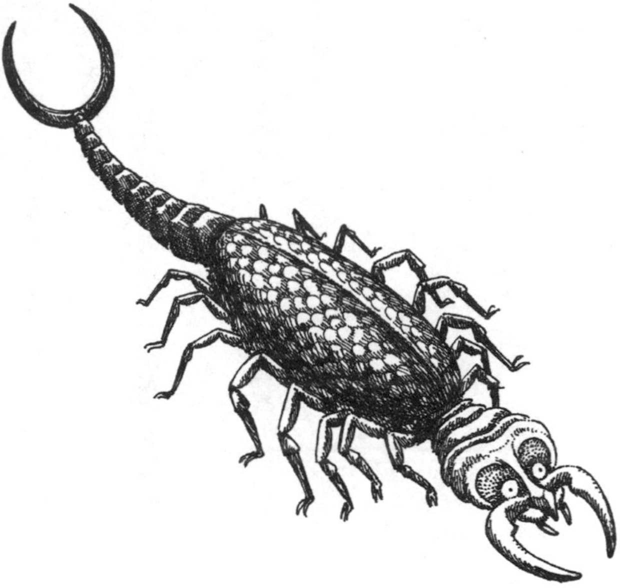

介紹

日文有一句慣用說法是「つつがなくお元気ですか？」意思是「別來無恙，你好嗎？」「つつが」的日文漢字寫作「恙」，意指生病或災禍。而會帶來「恙」的妖怪即是「恙蟲」（ツツガムシ）。恙蟲是會吸食鮮血並致人於死的祟神，人們非常懼怕牠。

某個人走在山上時，突然感覺像被什麼東西附身一樣，開始發高燒。不久後，身體開始顫抖搖晃，最後當場死亡。恙蟲就是這種恐怖疾病的起因。

人們將恙蟲視作一種刺殺人類的昆蟲，因而感到相當害怕。

真面目

人類知識無法觸及的神奇自然現象，在過去被認為是怨靈或妖怪的作為。

疫病是其中一種令人懼怕的現象。如今科學已證實疫病的起因來自於細菌或病毒等病原體；

但在沒有顯微鏡的從前，傳染病是一種可怕的存在。畢竟，以前的人總是在一陣慌亂中病倒，逐漸走向死亡。而且他們無法得知自己何時會遭遇同樣的情形。

然而，即便在科學最發達的現代，傳染病的可怕之處也絲毫未變。雖然可以透過顯微鏡看見病原體，但肉眼卻完全看不見。我們不知道病原體身在何處，也不清楚牠們潛伏在誰的體內。

古代人認為肉眼看不見的疾病是昆蟲引起的。而現代的日本人肚子叫時，也有這樣的說法——肚子裡的蟲在叫（腹の虫が鳴く）。他們認為人體內住著各式各樣的蟲，生病的原因就是因為蟲正在作惡。

在山裡發高燒的疾病稱為「恙病」，是恙蟲引起的疾病。

現代人已經得知恙蟲的真實身分是蟎蟲的一種。這種蟎蟲沿用很久以前的稱呼，一樣被稱為「恙蟲」。

由於人的肉眼看得見蟎蟲，約在戰國時代到江戶時代，已經得知恙蟲的真實身分是一種刺傷皮膚的小蟲。

有一種病原菌叫做立克次體，恙蟲是立克次體的傳播媒介，被刺到的人會出現發熱、發癢的症狀。

恙蟲的活動期是秋季到春季。蟲卵孵出的幼蟲會寄生在野生動物身上，獲得豐富的營養後便離開動物的身體，以蟲卵為食並變成成蟲。

蟎蟲

恙蟲附著在人類身上時，會在身體上來回活動，並且叮咬柔軟的地方，開始消化並吸收人體的組織。恙蟲體內的病原菌會在這時感染人類。

順帶一提，日本有個民間習俗是「看到靈車要將大拇指藏起來」。古人認為疫病或邪惡之物會透過大拇指進入人體，將大拇指握在手裡的咒術是自古以來便有的習俗。

恙蟲會從指間柔軟處開始感染人類。也有人認為，說不定藏起手指的驅魔咒術是古人的智慧，目的是為了躲避恙蟲引起的「恙」。

植物羊

Barometz

介紹

「植物羊」是會種出綿羊的樹。

割開植物羊的果實後會發現有羔羊在裡面。放著果實不採收的話，果實成熟之後裡面會露出綿羊的臉。綿羊會開始啃食樹木周圍的草。

如此不可思議的樹木傳說在歐洲人之間口耳相傳。這種樹是否真實存在？

真面目

歐洲的氣候涼爽，植物的種類較少。因此，從有歷史以來，歐洲人的衣服都是由活的動物身上取得皮毛或是鳥類的羽毛，並且製成衣服。

歐洲人可以從綿羊身上獲取品質良好的羊毛，自古以來便飼養綿羊作為家畜。即使時代持續演進，對於歐洲人而言，毛織物始終是製作衣服的材料。

但到了不久後的中世紀，一種輕薄保暖的神奇纖維從亞洲傳至歐洲。最讓歐洲人感到驚訝的是，這種纖維竟然取自植物。

可從植物中取得的纖維，到底是什麼樣的東西呢？只認識綿羊的歐洲人開始發揮想像力，認

棉花

為那是會長出綿羊的「植物羊」。

這種神奇的植物是——棉花。

在植物學中，棉花可大致分成四種類型，其中兩種是印度的原產植物。而且，自印度河流域文明以來，印度人栽培棉花、製作棉織物，木棉產業是印度最主要的產業。

「棉」是從棉花果實中採收的原料。棉花果實會以柔軟的纖維包住種子，目的是為了保護種子。這種柔軟的纖維就是「棉」。然而，歐洲人無法想像有一種植物的果實裂開後，裡面會露出羊毛般的纖維。

不久後，歐洲開始大量生產取自印度的棉布，英國的工業發展逐漸發達，終於引發工業革命，進而導致棉花生產地的印度成為英國的殖民地。

曼德拉草

Mandrake

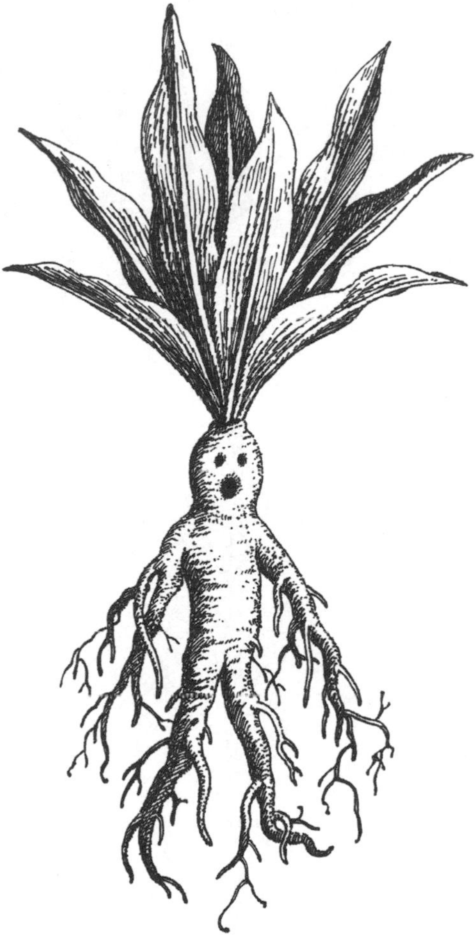

介紹

傳說中的植物「曼德拉草」（毒茄蔘）從很久以前便流傳至今。

曼德拉草是一種會行走的植物。牠們會從地底爬出來，根部分成兩半，看起來像腳，可用於行走。據說外型相當恐怖，而且非常醜陋。

「尖叫聲」是曼德拉草的已知特徵。

莎士比亞在《羅密歐與茱麗葉》中如此描寫：「那尖叫聲宛如從地底拔出的曼德拉草。聽見尖叫聲的生者會隨之發狂。」

根據莎士比亞的描述，曼德拉草被拔出來後會發出世上意想不到的可怕驚叫聲。而且，聽見這種尖叫聲的人會當場死亡。

《哈利波特》系列電影登場的魔蘋果（即曼德拉草），是女巫和巫師使用魔法、鍊金術師使用魔術時的材料。

因此，曼德拉草被當作一種昂貴的藥草來買賣。那麼，我們又該如何採收曼德拉草呢？

採收方法其實相當可怕。

方法就是將馴化的狗綁在曼德拉草身上。當人叫喚狗時，狗會朝著人的方向奔跑，並且拔出曼德拉草。當然，聽見尖叫聲的狗會當場死亡，人類接替狗的位置，藉此獲得曼德拉草。

曼德拉草雖然可怕，但欲望無窮的人類更是令人畏懼。

真面目

曼德拉草是真實存在的植物。

但它們當然不會走路，更不會發出尖叫聲。

聽見聲音後立即死亡的傳聞完全是個謎，我們不知道是由誰開始，又是如何流傳的。不過這也是傳說故事常有的事。

高麗蔘的根部類似人的模樣，因此被命名為「人蔘」。補充介紹，日文的「人參」（ニンジン）是指胡蘿蔔，胡蘿蔔的外觀很像高麗蔘，葉子類似水芹，所以日文又稱「セリニンジン」（水芹人蔘），「人参」則是胡蘿蔔的簡稱。

曼德拉草跟高麗蔘一樣，根部的形狀複雜，看起來很像人類。這就是有人認為土裡埋著人形之物的原因。

曼德拉草

雖然曼德拉草是一種毒草，但自古以來作為藥草使用。

當時的人將具備藥草知識、使用藥物的人稱為女巫和巫師。他們住在森林裡，以採收草藥過日子。

也有人認為「拔取曼德拉草的人會當場死亡」的傳聞來自那些仰賴草藥維生的女巫和巫師；他們為了避免貴重的曼德拉草遭人盜取而放出了謠言。

除此之外，一般認為養狗採收法其實是提高曼德拉草價格的手段。古代人為了抬高曼德拉草的價格，還會將死狗作為採收證明一併售出。

或許人類的欲望比妖怪還要可怕。

卓柏卡布拉
Chupacabra

介紹

一九九五年，有人在加勒比海的波多黎各發現怪異的家畜屍體。

一隻綿羊遭到殺害，脖頸上有很深的凹洞，看起來很像咬痕。然而周圍卻沒有血跡，彷彿體內的血被吸乾一樣。

如果是野狗做的，那綿羊應該會被吃掉才對，但綿羊的脖頸只留下類似吸血的痕跡，除此之外沒有其他外傷。

「卓柏卡布拉」在當地語言的意思是「吸食山羊血之物」。

後來類似事件頻傳，事情擴大至各種家畜身上，不僅是山羊而已，綿羊或家雞等動物也遭殃。

過不久，遇害的家畜甚至不侷限於波多黎各，逐漸遍布世界各地。

卓柏卡布拉的真面目是什麼呢？

有人推測牠是一種不屬於地球的生物，也有人認為是逃走的基因改造生物兵器。

真面目

一般認為，這些留下謎樣屍體的卓柏卡布拉，大多數的真面目是野狗。

但是野狗當然不會吸食動物的血。

學者調查遭到卓柏卡布拉襲擊的家畜屍體後，發現牠們並沒有被吸血。其實是家畜血液中的血紅素受損，血液變成透明液體，所以才變得比較不明顯。

經過調查後發現，咬痕大多是野狗攻擊後留下的痕跡。

野狗有時會將山羊和綿羊攻擊致死，但目的不是為了獵食。因此事後只留下咬痕，以及沒有外傷的動物屍體。

此外，有其他動物也被認為是卓柏卡布拉的真面目——名叫山魈的猴子。

山魈主要以果實為食，但其雜食習性也會攻擊小型動物。

山魈擁有五公分的長型利牙，具有很強攻擊性。牠們原本住在森林裡，後來因沒有食物來源而出沒於在農場，並且攻擊家畜。

山魈原本是棲息於非洲大陸的野生猴子，非法引進寵物店的個體逃跑後，變成生活在波多黎各的外來種。

這就是一九九〇年代掀起話題的卓柏卡布拉。

山魈

但是，許多目擊者表示卓柏卡布拉看起來實在不像山魈。

雖然有目擊者認為可能是郊狼被誤認成卓柏卡布拉，但卓柏卡布拉和郊狼的外觀相差甚遠。

事實上，野狗、大灰狼、郊狼等犬科動物會觀察具有疥癬症的個體。患上疥癬症的郊狼特別容易重症化，牠們會開始掉毛，皮膚出現皺紋。因疥癬而體弱的郊狼無法狩獵野生動物，所以才會出現在牧場獵食家畜。說不定目擊者見到牠們怪異的樣貌後，會認為是「四足步行的卓柏卡布拉」。

當然，目前也有「二足步行卓柏卡布拉」的目擊案例。一般認為可能是普通獼猴被誤認成卓柏卡布拉。

普通獼猴跟日本獼猴非常相似，分布於印度到印尼的區域。牠們常被當作實驗動物，而日本也有逃走後變成野生動物的獼猴。發生卓柏卡布拉目擊事件的波多黎各，也經常將普通獼猴用以實驗，因此有人認為卓柏卡布拉可能是逃走的普通獼猴。

日本獼猴棲息於日本，日本人一提及猴子，都會先想到長得像人的日本獼猴。但因為歐美國家沒有日本獼猴，所以歐美人認為猴子應該是生活在叢林那種更像野生動物的品種。或許歐美人看見神似人類的普通獼猴後，衍伸出卓柏卡布拉的傳說。

不過，卓柏卡布拉該不會其實是……活體實驗中普通獼猴的人造突變體？牠們逃出研究設施後，開始對人類展開復仇行動？

槌之子
Tsuchinoko

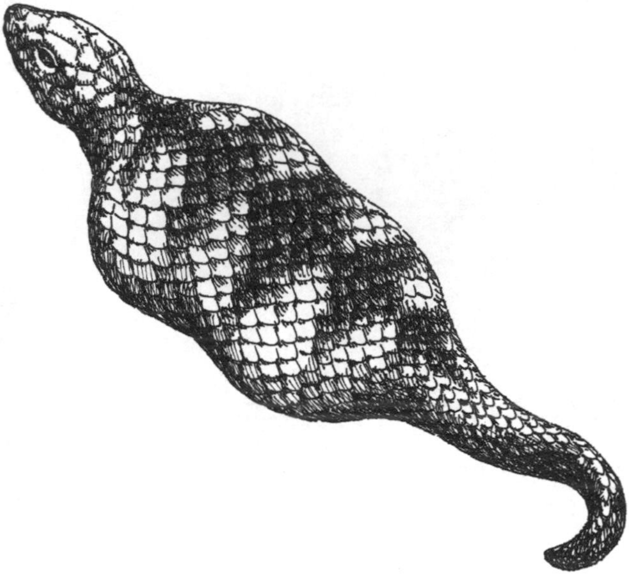

介紹

槌之子的日文「ツチノコ」，是「槌的孩子」的意思。

槌子是用來敲打物品的工具，例如木槌或金槌。但以前的槌子跟現在的錘子不一樣，古人使用的是橫槌，外觀是圓木加上手柄。

一般認為，槌之子長得很像這種橫槌。

古代人將槌之子稱作「野槌」。

江戶時代的讀物《和漢三才圖會》中有關於槌之子的外型介紹：

「野槌蛇棲於深山裡的樹洞，大至直徑五寸，全長約三尺，尾部極短。外型似取下手柄的槌子，故命名為野槌蛇。」

這種奇妙的蛇在一九七〇年代引起一波熱潮，各地都在尋找槌之子，卻始終沒有人發現牠的蹤跡。自然界的奇妙之事隨著科學的進步被逐一揭曉；但槌之子對生活於現代的人而言，依然是帶給我們浪漫色彩的未知存在。

真面目

槌之子的真實身分始終不明。

人們大多認為牠的真面目是被誤認的其他生物。

槌之子的特徵是牠啤酒瓶般的肥胖身形。蛇會吞食青蛙或老鼠等獵物，普遍認為蛇將獵物吞入體內的模樣就是槌之子。日本蝮不產卵，牠們以卵胎生的方式在體內生出小蛇。因此還有一種說法認為槌之子可能是懷孕中的日本蝮。

不過想當然耳，眾多目擊案例之中也有發生過誤認的情況。

蛇對住在里山的人來說是很常見的一種生物，所以他們實在不太可能誤將蛇當成槌之子。

一九七〇年代，ＵＦＯ和尼斯湖水怪等超自然事物很受歡迎，槌之子也迅速迎來一陣風潮。與此同時，日本各地的槌之子目擊事件逐漸增加。從來沒見過日本蝮的都市人紛紛入山尋找槌之子，其中有不少人將日本蝮誤認成槌之子。

在槌之子風潮的背景之下，一種叫做藍舌蜥的生物被認為是槌之子的真身之一。藍舌蜥並不

上：藍舌蜥　下：松果蜥

是蛇，而是蜥蜴的同類；當牠們待在落葉或草上時，人類看不見牠們的腳，那個模樣跟我們想像中的槌之子很相似。

藍舌蜥是棲息於印尼和澳洲的蜥蜴，被引入日本作為寵物飼養。雖然日本目前沒有藍舌蜥野生化的相關報告，但還是有可能發生這些事——藍舌蜥混入銷往日本的木材中，而後在日本展開生活；或是寵物藍舌蜥逃走後被人類看見。

除此之外，澳洲原產的松果蜥也被當作寵物來飼養，牠們藏起腳的模樣非常像槌之子。

不過，槌之子有幾項奇妙的特徵。

比如說，槌之子擁有二～三公尺的跳躍力。雖然日本蝮也會飛撲獵物，但跳躍力只有三〇公分的程度而已。從槌之子可以跳很遠這點來看，目擊者可能是誤將鼬或日本貂當成槌之子了。

但是，住在山中聚落的人應該對各種生物都很熟悉才對，連他們都表示確實有看到槌之子，那目擊事件就不會只是單純的誤認。

我們直到現在依然完全無法得知槌之子的真面目是什麼。

雪人

Yeti

介紹

一九五一年，英國登山家西普頓一行人在喜馬拉雅山脈的雪地上發現巨大足跡。這個足跡非常龐大，寬度為三十二公分，長度為四十五公分。這是一項關於「喜馬拉雅山雪男」的報告。

從此以後，許多探險隊開始前往喜馬拉雅山尋找雪人。然而，即使人類找得到雪人的足跡或毛髮等證據，那也不足以證明雪人實際存在。有人認為雪人其實是一種未知的類人猿，也有人認為牠是已滅絕的大型類人猿，或是存活下來的巨猿。

雪人的真實身分到底是什麼呢？

真面目

一般認為，西普頓發現的足跡其實是雪豹的足跡。但從雪豹的足跡紀錄來看，這個足跡實在大太多了。

尼泊爾有一群少數民族叫做夏爾巴人，在他們的語言中，Yeti的「Ye」是岩石的意思，「ti」則是指動物。也就是說，Yeti的意思是岩石般的動物，或是棲息於岩石地的動物。

棕熊

日本登山家根深誠曾在喜馬拉雅山各地展開調查，他指出當地夏爾巴人的語言中，「Yeti」一詞指的是棕熊。棕熊具有兩腳站立行走的能力，所以那是棕熊留下的足跡。

探險隊發現巨大足跡後詢問當地人：「那是什麼足跡？」當地人答道：「是Yeti的。」其實打從一開始，他們指的就是棕熊。

事實上，學者分析雪人的毛髮、牙齒、骨頭、毛皮、排泄物等部位的DNA後，結果顯示大多都是熊類所留下的東西。

不過，夏爾巴人就像北海道的愛努人或北美洲的原住民，他們自古以來將體型龐大、威風凜凜的熊視為神聖而特別的生物。說不定，喜馬拉雅山的雪人也受人敬畏與崇拜，是一種充滿神祕感的生物。

天竿魚

Sky Fish

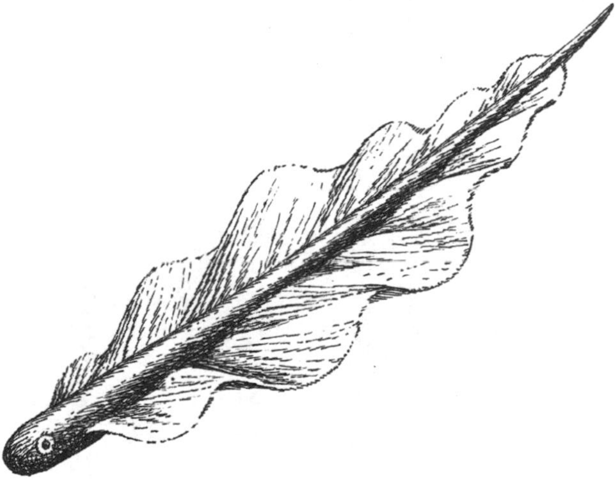

介紹

墨西哥的叢林裡有一個非常深的巨大洞窟，它深到甚至讓人以為可能通往地球中心。這個地球上最大的垂直洞穴就是——燕子洞。

洞窟的直徑為五十五公尺，深度長達四百公尺，這個深度可以放入一座東京鐵塔。

一九九五年，名叫荷西・艾斯卡米拉（Jose Escamilla）的影片剪輯師在洞窟的影片中發現了神奇現象。

他在逐格播放影片時發現鏡頭拍到了某種生物。這種生物具有棒狀的身體，身上長著多根翅膀且正在飛行。然而，相機拍攝的當下卻完全不會注意到牠的存在。牠的飛行速度非常快，肉眼無法看見。

這種生物叫做「天竿魚」。

研究人員檢驗影片後，推測天竿魚體型約在六〇公分到二公尺。一般認為，牠們在空中四處飛行時，時速可達到二八〇公里以上。

這種當作是天竿魚真身的生物就是奇蝦。

奇蝦是活在古生代海洋中的古代生物。天竿魚的身體側邊有類似魚鰭的部位，牠們拍動魚鰭前進的模樣確實很像奇蝦。

雖然奇蝦是海中生物，但在空中飛翔的鳥類也是從魚類進化而成的動物。該不會天竿魚是奇蝦從海洋進化到天空的一種生物吧？

真面目

一般認為，天竿魚會在空中以時速二八〇公里高速飛行，相機雖然能捕捉到牠們，但人的肉眼卻看不見。

但真的是這樣嗎？日本新幹線的時速超過三百公里；鳥類遊隼俯衝的時候，時速也是三百公里以上，但不論是新幹線還是遊隼，我們的肉眼都能夠看見。

既然如此，飛行時速二八〇公里、體長二公尺的生物，真的有可能快到肉眼看不清嗎？

天竿魚的真實身分如今已得到證實，牠們是飛過相機正前方的昆蟲。

昆蟲經過相機前方時，畫面會發生「動態模糊現象」。動態模糊是相機的特殊現象，相機拍到的東西發生晃動延展，並且留下殘影。

實際將蚊子或蒼蠅放在相機前面拍攝，牠們拍著翅膀飛行的樣子會被相機延伸，看起來就像擁有多對翅膀、身體細長的某種生物。也就是說，我們可以用相機重現天竿魚的畫面。

原來真相沒有什麼大不了的。曾在全世界引起一陣騷動的天竿魚，真面目其實就是小蟲子。

尼斯湖水怪

Nessie

介紹

「尼斯湖水怪」可以說是世界上最知名的UMA（未知生物）。

一九三三年以後，愛爾蘭的尼斯湖開始出現巨大生物的目擊事件。一般認為，尼斯湖水怪的外觀類似蛇頸龍；蛇頸龍繁盛於恐龍時代，而尼斯湖水怪是殘存的蛇頸龍。雖然目前已有許多目擊證詞，但我們仍然無法得知其真實性。尼斯湖水怪簡直就是二十世紀最大的謎團。

即使在二十一世紀的現代，牠的身分始終不明。

有人曾在一九三四年拍下蛇頸龍抬頭的照片，這是最有名的一張尼斯湖水怪照。但照片公開的六十年後，拍攝者坦言那是經過造假的照片。即便如此，尼斯湖水怪的目擊情報還是很多。所以我們無法單憑一張偽造的照片，就否定尼斯湖水怪的存在。據說拍攝者不滿有人認為尼斯湖水怪足跡是假的，所以才會偽造照片以表憤慨。

所以，尼斯湖水怪的真面目到底是什麼？

尼斯湖水怪是蛇頸龍的可能性很低。因為蛇頸龍為了呼吸，臉部必須頻繁露出水面。而且從恐龍時代開始，蛇頸龍為了生存下去，必須多隻個體一起生活才能繁衍後代，所以牠們並不會單獨生活。

尼斯湖具有細長而獨特的地形，尼斯湖水怪的目擊案例大多是強風或船隻航行引起的波浪。

不過，有些生物可能是尼斯湖水怪的真面目。

比如大隻的歐洲鰉體長超過六公尺，是最巨大的淡水魚；歐鯰則是體長達四公尺的淡水魚，大小僅次於歐洲鰉。像這樣的大型魚類都是尼斯湖水怪的候補人選。但是，尼斯湖裡並不存在這種大型魚類。

於是，紐西蘭奧塔哥大學的研究團隊在二〇一八年展開一場劃時代的大規模調查任務。他們在這次調查中採集了尼斯湖二百五十處的水，並且取出水中含有的生物表皮和排泄物等ＤＮＡ，打算藉此鑑定該生物的身分。

然而，結果顯示為非爬蟲類的ＤＮＡ。而且研究團隊也沒有發現鱘魚和鯰魚的ＤＮＡ。他們採集最多的ＤＮＡ樣本來自歐洲鰻鱺。調查結果證明有許多鰻魚生活在尼斯湖中。但結果依然無法證實鰻魚是尼斯湖水怪的真身。我們無法因為湖中有許多鰻魚的ＤＮＡ，就認定尼斯湖曾經出現過巨大鰻魚。但也有人認為，既然湖中都有很多鰻魚了，那有巨大鰻魚也不是什麼奇怪的事。尼斯湖水怪的真面目或許就是鰻魚也說不定。

尼斯湖水怪是否真實存在，至今依然是未解之謎。

參考文獻

青木良輔『ワニと龍　恐竜になれなかった動物の話』平凡社（二〇〇一）
荒俣宏『アラマタヒロシの妖怪にされちゃったモノ事典』秀和システム（二〇一九）
張競『天翔るシンボルたち　幻想動物の文化誌』農文協（二〇〇二）
荻野慎諧『古生物学者、妖怪を掘る　鵺の正体、鬼の真実』ＮＨＫ出版新書（二〇一八）
今泉忠明『謎の動物の百科』データハウス（一九九四）
川道武男『ムササビ　空飛ぶ座ぶとん』築地書館（二〇一五）
近藤雅樹監修『ふしぎな姿にびっくり！　伝説の生き物図鑑　世界の神獣・怪物大集合』ＰＨＰ研究所（二〇一一）
村上健司編・水木しげる画『日本妖怪大事典』角川書店（二〇〇五）
歴史の謎研究会編『秘められた日本史【妖怪】の謎と暗号』青春出版社（一九九七）
歴史の謎を探る会編『謎解き世界史　ふしぎ伝説の真相に迫る！』河出書房新社（二〇一〇）
鮫島正道『東洋のガラパゴス　奄美の自然と生き物たち』南日本新聞社（一九九五）
トニー・アラン著・上原ゆうこ訳『世界幻想動物百科』原書房（二〇〇九）
山北篤『幻想生物　西洋編』新紀元社（二〇一〇）

【作者】
稻垣榮洋
1968年生於日本靜岡縣。靜岡大學大學院農學研究科教授，農學博士，專攻雜草生態學。岡山大學大學院農學研究科結業後，進入農林水產省任職，曾擔任靜岡縣農林技術研究所的高等研究員，之後進入靜岡大學擔任農學研究科教授至今。著有《全世界最感人的生物學：用力的活，燦爛的死》（圓神）、《除了自己，成為不了別人：不必變強，只要獨一無二。向邊緣生物學習「個性化」的生存秘密！》（仲間）、《敗者為王：進化論忘了告訴我們的事》（文經社）、《撼動世界歷史的14種植物》等多本科普書籍。

【插畫】
河合真維
插畫家、畫家。出身於日本愛知縣名古屋市。2013年畢業於愛知縣立藝術大學，主修設計。2015年完成該校美術研究科的設計領域博士前期課程。作品主要以植物、動物和少女為主題，採用筆、壓克力顏料、數位繪圖等手法描繪奇幻世界。目前主要從事書籍封面與插圖繪畫。

傳說裏的民俗學
妖怪、精靈與怪奇生物的真面目

出　　版／楓樹林出版事業有限公司
地　　址／新北市板橋區信義路163巷3號10樓
郵政劃撥／19907596 楓書坊文化出版社
網　　址／www.maplebook.com.tw
電　　話／02-2957-6096
傳　　真／02-2957-6435
作　　者／稻垣榮洋
插　　畫／河合真維
翻　　譯／林芷柔
責任編輯／江婉瑄
內文排版／洪浩剛
校　　對／謝宥融
港澳經銷／泛華發行代理有限公司
定　　價／350元
初版日期／2022年12月

國家圖書館出版品預行編目資料

傳說裏的民俗學：妖怪、精靈與怪奇生物的真面目 / 稻垣榮洋作；林芷柔譯. -- 初版. -- 新北市：楓樹林出版事業有限公司, 2022.12　面；　公分

ISBN 978-626-7218-02-0（平裝）

1. 妖怪 2. 日本

298.6　　111016244